中国式现代化与乡村振兴系

总主编：魏礼群　主　编：张照新　朱立志

构建现代农业经营体系

朱立志　任　倩 ◆ 编著

中国出版集团
研究出版社

图书在版编目(CIP)数据

构建现代农业经营体系 / 朱立志, 任倩编著. —— 北京：研究出版社, 2024.1
ISBN 978-7-5199-1579-7

Ⅰ.①构⋯ Ⅱ.①朱⋯ ②任⋯ Ⅲ.①农业经营 – 经营体系 – 研究 – 中国 Ⅳ.①F324

中国国家版本馆CIP数据核字(2023)第177498号

出 品 人：赵卜慧
出版统筹：丁　波
责任编辑：朱唯唯

构建现代农业经营体系
GOUJIAN XIANDAI NONGYE JINGYING TIXI

朱立志　任倩　编著

研究出版社 出版发行

（100006　北京市东城区灯市口大街100号华腾商务楼）
北京云浩印刷有限责任公司印刷　新华书店经销
2024年1月第1版　2024年1月第1次印刷
开本：880毫米×1230毫米　1/32　印张：6.375
字数：142千字
ISBN 978-7-5199-1579-7　定价：38.50元
电话（010）64217619　64217612（发行部）

版权所有·侵权必究
凡购买本社图书，如有印制质量问题，我社负责调换。

序

以习近平同志为核心的党中央高度重视"三农"工作。随着脱贫攻坚战的圆满收官,我国解决了绝对贫困问题,全面建成小康社会,实现了第一个百年奋斗目标,已迈入第二个百年奋斗目标的新征程。党的二十大报告提出,到本世纪中叶,全面建成社会主义现代化强国。而全面建设社会主义现代化国家,最艰巨最繁重的任务依然在农村。要坚持农业农村优先发展,坚持城乡融合发展,畅通城乡要素流动,加快建设农业强国,扎实推动乡村产业、人才、文化、生态、组织振兴。全面推进乡村振兴,是新时代新征程推进和拓展中国式现代化的重大任务。

2023 年是贯彻落实党的二十大精神的开局之年。中央 1 号文件强调,要抓好两个底线任务,扎实推进乡村发展、乡村建设、乡村治理等乡村振兴重点工作,建设宜居宜业和美乡村,为全面建设社会主义现代化国家开好局起好步打下坚实基础。

任务既定,重在落实。进入"十四五"以来,党中央、国务院围绕保障粮食安全、巩固拓展脱贫攻坚成果、防止规模性返贫和全面推进乡村振兴重点工作,出台了一系列政策文件和法律法规,"三农"发展方向、发展目标、重点任务更加明确,工作机制、工作体系、工作方法更加完善,为乡村振兴战略推进奠定了基础。但是,由于"三农"工作是一个系统工程,涉及乡村经济、社会各个领域、各个环节、各类主体,仍然可能面临不少理论和实践问题。例如,如何处理农民与土地的关系、新型农业经营主体与小农户的关系、粮食安全与农民增收的关系、乡村发展与乡村建设的关系等等。全面推动乡村振兴工作的落实落地，需要深入研究许多问题和困难挑战。

习近平总书记指出，问题是时代的声音，回答并指导解决问题是理论的根本任务。理论工作者要增强问题意识，聚焦实践遇到的新问题、改革发展稳定存在的深层次问题、人民群众急难愁盼问题、国际变局中的重大问题、党的建设面临的突出问题，不断提出有效解决问题的新理念新思路新办法。

我们欣喜地看到，近年来，有些"三农"领域的理论工作者已经开始站在实现中国式现代化的新高度，加快推进农业强国建设，开展相关的理论研究和实践探索工作，并形成了一批成果。本套丛书的出版，可以说就是一次有益的尝试。丛书全套分六册，其中：

《夯实粮食安全根基》，系统介绍了粮食安全相关的基础知识和保障粮食安全涉及的粮食生产、储备、流通、贸易等多方面政策，通俗易懂地解答了人们普遍关心的粮食安全领域热点难点民生问题。

《加快乡村产业振兴》，结合乡村产业发展涉及的产业布局优化、产业融合发展、绿色化品牌化发展、产业创新发展，分门别类地就热点问题进行了概念解读、理论分析和政策阐释，并结合部分先进地区的发展经验，提供了部分可资借鉴的发展模式和案例。

《构建现代农业经营体系》，在阐释相关理论和政策、明晰相关概念和定义的基础上，回答了现代农业经营体系建设相关工作思路的形成过程、支持鼓励和保障性政策的主要内容、各项政策推出的背景和意义、政策落实的关键措施、主要参与主体、发展模式等问题。

《推动农民农村共同富裕》，围绕农民就业增收、经营增效增收、就业权益保障、挖掘增收潜力等多个方面,详细介绍了促进农民收入增长的政策、路径和方法。

《促进农户合作共赢》,通过对农民专业合作社的设立、组织机构、财务管理、产品认证、生产经营、年度报告、扶持政策等内容进行全面的解读,为成立农民专业合作社过程中在经营管理、财务管理、政策扶持等方面有疑问的读者提供了参考建议。

《建设宜居宜业和美乡村》,在系统梳理宜居宜业和美乡村建设已有做法、经验的基础上,全面介绍了农村厕所革命、农村生活污水治理、农村生活垃圾治理、村容村貌提升、农业废弃物资源化利用、乡村治理等领域的基础知识、基本情况、政策要求、技术路径、方法要领和典型模式,以及发达国家的做法经验。

六册丛书以乡村发展为主,同时涵盖了乡村建设和乡村治理两个领域,具有重要参考价值和指导意义。各册内容总体上分章节形式,体现清晰的逻辑思路;在章节内采取一问一答形式,便于使用者精准找到自己想要的问题答案。部分书册节录了部分法律和政策文件,可供实际操作人员查阅参考。

在丛书的选题以及编写过程中,各位作者得到了研究出版社社长赵卜慧、责任编辑朱唯唯等的大力支持和帮助,在此一并致谢!同时,由于水平所限,书中难免存在问题和不足之处,请予以指正。

本套丛书付梓之际,应邀写了以上文字,是为序。

魏礼群

二〇二三年十一月

目录 构建现代农业经营体系 CONTENTS

壹

|第一编| 农业经营体系相关理论与政策

- 003　什么是农业经营体系？
- 003　什么是农业经营主体？
- 003　什么是农业经营体制？农业经营体制有哪些类型？
- 004　影响农业经营体制选择的因素有哪些？
- 005　我国现行的农业经营体制是怎样的？
- 006　什么是承包经营？农业承包经营的对象有哪些？
- 007　农业承包经营权主要涉及哪些权利？
- 007　农村土地的承包主体是谁？承包期限是多久？
- 008　农村土地承包应遵循什么原则？
- 008　我国法律对农村土地的承包经营权有什么规定？
- 010　农村土地承包经营权确权登记颁证的背景和过程如何？
- 010　我国以家庭承包经营为基础的农业经营体制有什么问题？
- 011　什么是新型农业经营主体？新型农业经营主体有哪些？
- 011　新型农业经营主体有什么特点？
- 012　新型农业经营主体与小农户的关系如何？
- 013　培育新型农业经营主体的目标是什么？

014　制约新型农业经营主体发展的因素有哪些？

015　什么是新型农业经营体系？其在现代农业中的地位如何？

016　我国农业经营体系发展演变的基本过程如何？

016　新型农业经营体系的基本特征有哪些？

017　构建新型农业经营体系的意义是什么？

018　现阶段构建新型农业经营体系的主要内容有哪些？

019　现阶段构建新型农业经营体系面临的主要困难是什么？

020　推动新型农业经营体系建设的政策法规有哪些？

021　新型农业经营体系中各经营主体是什么关系？

022　应从哪些方面推动新型农业经营体系机制建设？

023　构建新型农业经营体系有什么模式和经验？

026　培育职业农民对构建新型农业经营体系有什么意义？

026　我国职业农民培育存在哪些不足？如何加快培育职业农民？

第二编　发展多种形式规模经营

031　什么是规模经营？与规模经济有何区别？

031　什么是农业规模经营？农业规模经营的要素有哪些？

031　发展农业规模经营有什么意义？

032　影响农业规模经营的因素有哪些？

034　农业规模经营的基础和发展方向是什么？

034　国家对农业适度规模经营的政策如何?

035　发展适度规模经营的"度"如何把握?

036　我国实行什么样的土地制度?

037　我国农村土地制度经历了哪些变迁?

039　什么是"两不变、一稳定"?其内涵是什么?

040　什么是"三权分置"改革?

041　"三权分置"改革的意义是什么?

042　"三权分置"改革应坚持哪些原则?

043　"三权分置"的具体实践形式有哪些?是如何促进规模经营的?

044　什么是土地流转?农村土地流转的形式有哪些?

045　农村土地经营权流转有什么意义?

047　小农户土地流转意愿受哪些因素影响?

047　土地流转的主要阻碍是什么?

048　我国农村土地流转的模式是如何分类的?

049　土地流转应该注意哪些问题?

050　国家规范土地经营权流转的制度有哪些?主要内容是什么?

051　土地流转应遵循哪些程序?

052　土地流转合同应如何签署?一般包含哪些内容?

053　土地流转与土地租赁有何区别?

053　土地承包和流转中出现纠纷怎么办?

054　什么是农业生产托管?发展农业生产托管的意义有哪些?

055　农业生产托管的方式有哪些?

056　如何推进农业生产托管服务发展?

第三编 发展新型农业经营主体

061　新型农业经营主体形成的背景是什么？

061　什么是专业大户？

062　发展专业大户有什么现实意义？

062　什么是家庭农场？

063　家庭农场有什么特征？

064　专业大户和家庭农场有什么联系和区别？

064　发展家庭农场有什么意义？

065　家庭农场模式的优势是什么？

066　我国家庭农场的发展现状如何？

067　我国家庭农场发展中存在哪些问题？

068　发展家庭农场需要什么条件？

069　对家庭农场发展有哪些支持政策？

070　家庭农场的认定标准是什么？申报登记流程包括哪些环节？

071　如何经营管理好家庭农场？

072　什么是农民合作经济组织？农民合作经济组织有哪些类型？

073　农民专业合作社有什么特征？发展目的是什么？

074　什么是土地股份合作社？如何发展土地股份合作社？

075　农民专业协会的发展基础是什么？特点有哪些？

075　农民专业协会有哪些类型？

076　发展农民专业协会的重点是什么？

077　什么是农业产业化龙头企业？
078　农业产业化龙头企业有什么发展优势？
078　农业产业化龙头企业有什么功能和作用？
080　农业产业化龙头企业与农户的利益联结方式有哪些？
081　我国农业产业化龙头企业是如何分类的？发展成效如何？
082　农业产业化龙头企业发展中存在的问题有哪些？
083　国家对农业产业化龙头企业发展的支持方向是什么？有哪些支持政策？
088　如何申报农业产业化龙头企业？
090　农业产业化龙头企业如何认定？
091　农业产业化龙头企业应如何选择发展战略？
092　国家对新型农业经营主体的财政支持政策有哪些？
093　国家对新型农业经营主体的金融支持政策有哪些？
094　国家对新型农业经营主体的税收支持政策有哪些？
094　建设农业经营主体信用体系的目的是什么？进展如何？
095　国家对农业信贷担保实行什么政策？成效如何？

肆

|第四编| 健全农业社会化服务体系

099　什么是农业社会化服务体系？其本质是什么？
099　农业社会化服务体系发展的背景是什么？

100	农业社会化服务体系有什么特征?
101	农业社会化服务体系的功能有哪些?
102	发展农业社会化服务体系的意义是什么?
103	我国农业社会化服务体系经历了怎样的建设发展过程?
105	什么是新型农业社会化服务体系? 其特征是什么?
107	农业社会化服务体系是如何构成的?
107	提供农业社会化服务的主体有哪些? 各主体服务范围有何差别?
109	我国农业社会化服务有哪些模式? 各有什么优势和特点?
113	如何建设新型农业社会化服务体系?
114	我国农业社会化服务体系的发展现状如何?
116	我国农业社会化服务体系存在哪些不足?
119	近年我国农业社会化服务的支持政策有哪些?
120	发展新型农业社会化服务体系的目标是什么?
121	发展新型农业社会化服务体系应遵循什么原则?
122	现阶段发展新型农业社会化服务体系的重点是什么?
123	应如何保障新型农业社会化服务体系的健康发展?
124	供销合作社在我国农业社会化服务中发挥什么作用?
125	我国供销合作社改革发展的历程如何? 有什么成果?
126	如何发挥供销合作社作用带动农户致富?
127	中央和有关部门对供销合作社发展的政策如何?
128	如何强化供销合作社市场化运作机制?
129	农业技术推广体系建设的现状如何? 有哪些成效? 存在什么问题?
130	未来构建农业技术推广体系的思路是什么?

131	如何完善农业技术推广体系的发展机制?
131	什么是质量认证?为什么要开展农产品质量安全认证?
132	我国的农产品质量安全认证有哪些?成效如何?
132	我国农村电子商务服务的作用如何?
133	我国农村电子商务发展的趋势和成效如何?
133	如何推动我国农村电子商务服务更好更快发展?
134	如何建立健全有效的农村金融服务体系?
136	我国对农业保险服务的支持政策是怎样的?

137	附件1 政策文件
137	附件1-1 中华人民共和国农村土地承包法
150	附件1-2 农村土地经营权流转管理办法
158	附件1-3 关于引导农村土地经营权有序流转发展农业适度规模经营的意见
168	附件1-4 农业农村部关于实施新型农业经营主体提升行动的通知
174	附件1-5 关于实施家庭农场培育计划的指导意见

182	附件2 合同范本
182	附件2-1 农村土地承包经营权流转合同书(范本)
186	附件2-2 农业生产托管服务合同示范文本

第一编

农业经营体系相关理论与政策

● 什么是农业经营体系？

农业经营体系，通常是对在一定的农业生产经营组织方式和制度规范下，各经营主体之间形成的分工协作关系的总称，本质上是一国农业生产关系的表现形式。

构成农业经营体系的要素包括农业经营主体、农业生产经营组织方式和制度体系，而农业生产经营组织方式和制度体系也就是农业经营体制。

● 什么是农业经营主体？

农业经营主体，是指承担农业生产经营任务的当事者，包括直接或者间接从事农产品生产、加工、销售和服务的任何个人和组织，如农户、集体经济组织、合作组织、农业生产企业等。农业经营主体的当事者需要拥有一定规模的土地、资金、资产、设备和劳动力，具备一定的知识、技术和经营能力，能够实现自主经营、自负盈亏，能够承担相应的法律责任。

● 什么是农业经营体制？农业经营体制有哪些类型？

农业经营体制是指规范农业经营主体及农业生产资料组织协同方式的制度。农业经营体制主要有以下四种类型。

集中经营体制。是指集中大量的劳动力、农业生产资料，进行统一生产经营和管理的农业生产经营组织形式。集中经营体制容易形成较大的生产经营规模，实现规模经济，有利于使用先进技术节约劳动力。但是，集中经营体制容易影响劳动力的积极性和创造性，需要采取措施加以克服。

分散经营体制。是指采取多个小规模劳动组织,劳动力和生产资料个别分散结合的农业生产经营组织形式。分散经营比较符合农业生产的特点,方便管理,能够充分调动劳动者的积极性和主动性,有利于节约成本,提高效益。但是,分散经营主要以家庭为经营单位,规模较小,不利于资金的筹集、先进技术的应用推广和大规模基础设施的建设。

统分结合型经营体制。是指以小规模的劳动组织为基础,在生产过程中的某些环节和方面采取劳动者的合作或联合经营,建立集中联合经营组织的形式。统分结合型经营体制在保持集中经营优势的同时,还可以发挥分散经营适合农业生产特点的长处,有利于因地制宜地开展各种生产经营活动,灵活适应不同层次的农业生产力水平。

农业产业化经营体制。是统分结合型经营体制的高级形式,是指在农业产业化、农产品商品化、服务社会化条件下形成的多层次、多形式统分结合的经营体制。农业产业化经营体制的实质是运用现代工业的管理办法组织农业的生产和经营;在市场环境下,以市场信息为导向,以经济效益为中心,围绕区域性的产业,组合和优化多种生产要素,实行一体化经营、社会化服务和企业化管理。农业产业化经营体制适用于农业商品化、市场化程度较高的经济发达地区。

● 影响农业经营体制选择的因素有哪些?

农业经营体制的选择标准主要是能否促进农业生产力的发展。具体而言,有以下几个影响因素。

农业生产资料所有制。生产资料为谁所有、由谁支配,对生产经营体制的选择有较大影响。

农业生产的性质和特点。农业生产受到自然规律和社会规律的制约，有鲜明的季节性特征，对自然地理条件有较强的依赖性。需要根据农业劳动对象的特点，因地制宜地选择集中经营体制、分散经营体制或统分结合型经营体制。

农业劳动协作的特点。劳动协作是指对有联系的劳动活动所进行的统筹安排，是劳动者在一定生产条件下的协同劳动。劳动协作分为两种：以简单分工为基础的协作是简单协作，而以细致分工为基础的协作是复杂协作。农业生产的季节性，决定了不能指定一个人只从事一种劳动。农业劳动协作的特点，决定了农业劳动组织形式适合采用分散、兼业经营的组织形式。

农业机械化水平和农业技术。农业机械化水平和农业技术的发展、应用，在一定程度上改变着农业生产经营状况，也会引起生产经营方式的转变和生产经营体制的选择。

● 我国现行的农业经营体制是怎样的？

新中国成立后，我国曾实行了一段较长时期的"三级所有，队为基础"的农业集体经营体制，虽然在农村建设方面取得了一定成就，但由于缺少有效的激励措施，导致农民缺乏生产积极性，农业劳动效率较低，付出了较大代价。改革开放以来，我国实行以家庭承包经营为基础，统一经营与分散经营相结合的双层经营体制。家庭承包经营是基础，统一经营主要是通过农村集体经济组织、合作组织、社会化服务组织等发展多种形式的联合与合作，解决一家一户办不了、办不好、办起来不合算的事。我国农业法第五条规定，国家坚持和完善以公有制为主体、多种所有制经济共同发展的基本经济制度，振兴乡村经济。国家长期稳定农村以家庭承包经营为基础、统分结合的双层经营体制，发展社会化服务体系，壮大集体经济实力，引导农民走共同富裕的道路。《乡村振兴促进法》指出，国家巩固和完善以家庭承包经营为基础、统分结合的双层经营体制，发展壮大农村集体所有制经济。

统分结合的双层经营体制符合我国现阶段农业生产力发展的要求。一方面，能够克服经营方式过分单一、管理过分集中的弊端，充分调动农民的生产积极性；另一方面，统一经营能够完成分散农户难以承担的生产活动。

● 什么是承包经营？农业承包经营的对象有哪些？

承包经营是指具备承包资格的家庭或个人，通过与农村集体经济组织签订承包合同，对集体土地或者其他生产资料进行生产经营并获得收益的行为。

农业承包经营的对象包括集体所有或国家所有并由农业集体经济组织使用的土地、山岭、草原、荒山、滩涂、水面等自然资源，以及集体经济组织发包的土地上的建筑物及房屋、农机具、机械、副业、畜禽和水利设施。在农业承包的载体上主要应从事农业生产，不得进行非农业活动。

土地是农业承包经营的主要载体。2018年修订的农村土地承包法第二条规定，农村土地是指农民集体所有和国家所有依法由农民集体使用的耕地、林地、草地，以及其他依法用于农业的土地。第三条规定，农村土地承包采取农村集体经济组织内部的家庭承包方式，不宜采取家庭承包方式的荒山、荒沟、荒丘、荒滩等农村土地，可以采取招标、拍卖、公开协商等方式承包。

● **农业承包经营权主要涉及哪些权利？**

农业承包经营权的内容由发包方和承包方在合同中约定，一般涉及以下几个方面。

（1）经营决策权，也称自主经营权。这是构成家庭联产承包责任制的重要内容。

（2）收益权，是指通过承包经营活动获取收益的权利。

（3）产品处分权，指处置生产产品的权利。

（4）转包、转让权。转包权是指在承包期内，经承、发包方同意，将土地生产资料全部或部分让渡给第三方，承包方与发包方签订的合同仍然有效，承包方还要与第三方签订转包合同。转让权是指在承包期内，征得发包方同意后，将承包合同让渡给第三方，由第三方向发包方履行承包合同规定的义务，原合同中规定的承包方与发包方之间的权利义务关系终止。

（5）继承权，是指承包人在承包期内死亡，承包人的继承人可以继续承包经营关系的权利。

国家保护承包方的承包经营权，任何组织和个人都不得侵犯。

● **农村土地的承包主体是谁？承包期限是多久？**

我国农村土地承包法第五条规定，农村集体经济组织成员有权依法承包由本集体经济组织发包的农村土地。因此，集体经济组织内的农户是农村土地的承包方，即承包主体。农村集体土地应该由作为集体经济组织成员的农户承包，其他任何主体都不能取代农户的土地承包地位。不论土地经营权如何流转，集体土地承包权都属于农户。

我国坚持稳定土地承包关系。现有农村土地承包关系保持稳定并长久不变，这是维护农民土地承包权利的关键。2018年，修订农村土地承包法时，明确将"长久不变"写入法律，并规定"耕地的承包期为三十年。草地的承包期为三十年至五十年。林地的承包期为三十年至七十年。前款规定的耕地承包期届满后再延长三十年，草地、林地承包期届满后依照前款规定相应延长"，从法律层面确定了"长久不变"的基本制度。

● 农村土地承包应遵循什么原则？

我国农村土地承包法第七条规定：农村土地承包应当坚持公开、公平、公正的原则，正确处理国家、集体、个人三者的利益关系。具体工作中，应坚持四项原则：一是本集体经济组织成员依法平等地行使承包土地的权利，也可以自愿放弃承包土地的权利；二是民主协商，公平合理；三是承包方案应当依法经本集体经济组织成员的村民会议三分之二以上成员或者三分之二以上村民代表同意；四是承包程序合法。

● 我国法律对农村土地的承包经营权有什么规定？

民法典第三百二十三条规定：用益物权人对他人所有的不动产或动产，依法享有占有、使用和收益的权利。民法典第三百三十一条规定：土地承包给经营权人依法对其承包经营的耕地、林地、草地等享有占有、使用和收益的权利，有权从事种植业、林业、畜牧业等农业生产。农村土地承包法第九条规定：承包方承包土地后，享有土地承包经营权，可以自己经营，也可以保留土地承包权，流转其承包地的土地经营权，由他人经营。第十七条规定：土地承包方依法享有承包地使用、收益的权利，有权自主组织生产经营和处置产品；享有依法互换、转让土地承包经营权；享有依法流转土地经营权；承包地被依法征收、征用、占用的，有权依法获得相应的补偿。

农村土地承包法第二十七条规定：承包期内，发包方不得收回承包地。承包期内，承包农户进城落户的，引导支持其按照自愿有偿原则依法在本集体经济组织内转让土地承包经营权或者将承包地交回发包方，也可以鼓励其流转土地经营权。承包期内，承包方交回承包地或者发包方依法收回承包地时，承包方对其在承包地上投入而提高土地生产能力的，有权获得相应的补偿。第二十八条规定：承包期内，发包方不得调整承包地。承包期内，因自然灾害严重毁损承包地等特殊情形对个别农户之间承包的耕地和草地需要适当调整的，必须经本集体经济组织成员的村民会议三分之二以上成员或者三分之二以上村民代表的同意，并报乡（镇）人民政府和县级人民政府农业农村、林业和草原等主管部门批准。承包合同中约定不得调整的，按照其约定。第三十一条规定：承包期内，妇女结婚，在新居住地未取得承包地的，发包方不得收回其原承包地；妇女离婚或者丧偶，仍在原居住地生活或者不在原居住地生活但在新居住地未取得承包地的，发包方不得收回其原承包地。

● 农村土地承包经营权确权登记颁证的背景和过程如何？

随着我国农业农村现代化的发展和城镇化、工业化的推进，因历史原因形成的承包地面积不准、四至不清、位置不明、登记不全的问题开始显现。为此，2013年召开的中央农村工作会议提出，建立土地承包经营权登记制度。2014年起，我国开始进行土地承包经营权确权登记颁证工作。在2014—2018年的五年时间里，农村承包地确权颁证工作在全国范围内开展，共涉及2838个县（市、区）及开发区、3.4万个乡镇、55万个行政村，确权耕地面积15.04万亩，完善土地承包合同2亿多份，为2.01亿农户颁发了土地承包经营权证书，真正让农民吃上了定心丸。

● 我国以家庭承包经营为基础的农业经营体制有什么问题？

我国现行的农业经营体制以家庭承包经营为基础，虽然可以有效调动农户的生产积极性，但在新形势下，也出现诸多方面的问题。一是以农户为主的经营模式造成了耕地细碎化。特别是在南方丘陵地区和山区，土地细碎化十分明显。农户土地经营规模偏小，不利于农业生产效率的提高，增加了生产和管理成本。一家一户配套设施的更新改进困难，也会造成设备的闲置浪费和生产技术的落后。二是农户分散经营造成难以获得及时有效的市场信息，缺乏对市场信息的判断能力。被限制在狭小空间范围内的农业在生产、加工、销售等环节难以很好地衔接，无法形成保护农业的利益调节机制，资金、技术、劳动力等生产要素不易向农业转移。三是农户小规模的经营模式，造成使用先进科学技术的成本较高，科技普及率低，不利于种子、饲料、农艺、农药等技术的进步。

总之，我国以家庭承包经营为基础的农业经营体制，在实践中"统"的作用发挥不足，农户生产规模小的问题导致不利于发展现代农业，对农业生产率、专业化生产、优质农业和生产技术的发展具有一定阻碍作用。加之农业社会化服务体系供给滞后，小农户与现代农业发展有机衔接面临一些障碍。

● 什么是新型农业经营主体？新型农业经营主体有哪些？

新型农业经营主体，是指具有较大经营规模、较好物质装备条件和经营管理能力，具备较高的劳动生产率、资源利用率和土地产出率，以商品化生产为主要目标的农业经营组织。新型农业经营主体一般通过租赁、转包等形式，通过受让农户流转出的土地，从事适度规模的农业生产、加工和销售。

新型农业经营主体主要包括家庭农场、专业种养大户、农业专业合作经济组织和以农业产业化龙头企业为代表的农业企业等。

● 新型农业经营主体有什么特点？

新型农业经营主体适应我国地少人多的具体国情，具有比传统农户更高的技术装备水平和管理经营水平。具体而言，有以下特点。

以市场化为导向。传统农户的商品化率较低，农产品生产主要是自给自足。新型农业经营主体在市场化、城镇化的大背景下，依照农产品需求提供相应的生产和服务，开展相应的经营活动，实现产品和服务与市场的有效对接，提高农产品的商品化率，获得较高的经济效益。

以专业化为手段。传统农户兼业化倾向明显，生产内容小而全。

新型农业经营主体大都集中于农业生产的某一个或少数几个领域及品种，开展专业化的生产经营活动，分工明确，生产效率大幅提高。

以规模化为基础。传统农户受生产力水平的制约，扩大生产规模的能力较弱。而新型农业经营主体在农业生产技术和机械化水平不断提高、基础设施条件不断改善的情况下，通过专业化生产实现对资源的充分利用，从而能够扩大经营规模，提高规模效应，谋求较高的经济收益。规模化是合作化的结果，是实现产业化和市场化的前提，是新型农业经营方式的优势所在。

以集约化为标志。传统农户由于缺乏资金和技术，提高土地产出率的主要方法是靠增加劳动投入。新型农业经营主体有较好的物质装备条件，可以集成各类生产要素，充分发挥资金、技术、信息、装备、人才等各方面的优势，以较高的生产技术、经营管理水平和装备条件实现对生产资源要素的集约利用。

● 新型农业经营主体与小农户的关系如何？

家庭承包经营是我国农村基本经营制度的基础。传统小农户作为传统农业生产经营的基本单位，将会长期存在。大力发展新型农业经营主体，并不意味着传统农户的消失。但是，随着农业市场化程度的提升，农民老龄化的加快，我国小农户抵御风险能力不足的缺点将愈加明显。可以说，小农户在我国农业经营主体中占多数的格局不会变，而新型农业经营主体蓬勃发展的趋势也不会变。

同时，新型农业经营主体和小农户应相辅相成，二者相互促进且互相竞争。新型农业经营主体目标是进行商品化生产，小农户更多是自给性生产。新型农业经营主体可以为小农户提供各个生产环节的服务，推动小农户进行生产方式转变；小农户可以为新型农业经营主体提供原料和服务载体。在支持新型农业经营主体的同时，也要扶持小农户，提升农户收入，全面协调发展农村经济，稳定"三农"工作大局。

◉ 培育新型农业经营主体的目标是什么？

2021年10月农业农村部印发的《关于促进农业产业化龙头企业做大做强的意见》提出，到2025年，龙头企业队伍不断壮大，规模实力持续提升，科技创新能力明显增强，质量安全水平显著提高，品牌影响力不断扩大，新产业新业态蓬勃发展，全产业链建设加快推进，产业集聚度进一步提升，联农带农机制更加健全，保障国家粮食安全和重要农产品供给的作用更加突出。到2025年末，培育农业产业化国家重点龙头企业超过2000家、国家级农业产业化重点联合体超过500个，引领乡村产业高质量发展。

2022年3月农业农村部印发的《关于实施新型农业经营主体提升行动的通知》提出：力争到"十四五"期末，实现农民合作社规范管理和财务会计、家庭农场"一码通"管理和规范运营、新型农业经营主体指导服务体系等五项管理服务制度更加健全；新型农业经营主体融合发展、稳粮扩油、参与乡村建设、带头人素质和合作社办公司等五方面能力全面提升；新型农业经营主体辅导员队伍建设、服务中心创建、试点示范等三项指导服务机制全面建立。县级及以上示范社、示范家庭农场分别达到20万家，适应新型农业经营主体发展需求的县乡基层指导服务体系基本建立，全国新型农业经营主体辅导员名录库入库辅导员超过3万名，创建一批新型农业经营主体服务中心。新型农业经营主体发展质量效益稳步提升、服务带动效应显著增强，基本形成以家庭经营为基础、新型农业经营主体为依托、社会化服务为支撑的现代农业经营体系，促进小农户和现代农业发展有机衔接。这一方案，充分体现出国家统筹新型农业经营主体发展和规范、推进由数量增长向量质并举转变、抓好农户合作社和家庭农场、突出素质和能力培育的目标。

● 制约新型农业经营主体发展的因素有哪些？

制约新型农业经营主体发展的因素主要有：土地承包经营权流转不畅、资金不足、市场风险意识不强以及新型农业经营主体的综合素质有待提高等几个方面。

土地流转不畅。发展新型农业经营主体需要规模化经营。目前，随着市场经济的发展和富余劳动力向第二、三产业的流动，农村土地呈现规模化流转态势，这为培育新型农业经营主体，构建新型农业经营体系奠定了基础。但是，农村土地流转还有很多阻碍，流转缺乏效率，还有很多农户在土地流转后存在不履行承诺的问题。有的地方土地流转费用较高，加重了新型农业经营主体的成本负担，也阻碍了新型农业经营主体的发展。

金融支持不足。规模化经营是发展新型农业经营主体的先决条件，而规模经营需要一定的资金基础。目前，新型农业经营主体都面临资金不足、融资困难的问题。土地租金、农资价格上涨导致资金短缺，同时，信贷门槛高、金融服务发展不到位致使融资困难，担保抵押困难。农村金融机构网点较少，金融机构贷款审批流程多、时间长、实际成本高。以上情况都使得新型农业经营主体融资困难。

风险意识不强。农产品市场较容易受季节、气候、供求等因素影响。如果供求信息不对称,农产品市场波动强,容易出现农产品出售困难的情况,损害生产者的利益。此外,专业大户和家庭农场大多将产品销售权利让渡于中介组织,农民专业合作社作为新兴农业经营主体大多局限于生产环节,农产品销售和服务环节涉及较少。市场运作能力较差,收益相对较低,抵御风险能力不足。

教育培训不够。农民的专业化和职业化是实现传统农业转型的必要条件。但是,我国现阶段新型职业农民在数量上严重不足。农民素质相对较低,制约了农业生产的发展,而城乡二元结构又制约了对职业农民的培训。部分新型农业经营主体对现代经营管理和农业生产技术知识的学习掌握不足。

● 什么是新型农业经营体系?其在现代农业中的地位如何?

新型农业经营体系,也称现代农业经营体系,是指在家庭承包经营的基础上,以发展现代农业为出发点,由专业大户、家庭农场、农民专业合作社和农业产业化龙头企业等新型农业经营主体共同构成的,集专业化、组织化、集约化、社会化等特征于一体的农业经营体系。新型农业经营体系,是与由小农户经营为主的传统农业经营体系相对的概念,是对农村基本经营制度的丰富和发展,是对以家庭承包经营为基础、统分结合双层经营体制的完善。

新型农业经营体系是现代农业体系三大支柱之一。相比于现代农业产业体系强调对农业产业结构进行优化调整,发展新产业、新业态,完善和提升产业链,促进一二三产业融合发展;现代农业生产体系强调利用现代物质装备武装农业,用现代科学技术服务农业,用现代生产方式改造农业，提高农业良种化、机械化、科技化、信息化水平，增强生产能力和抵抗风险的能力；新型农业经营体系强调发展多种形式适度规模经营，培育新型经营主体和职业农民，健全农业社会化服务体系。

● 我国农业经营体系发展演变的基本过程如何？

改革开放前，我国主要采取合作化（1949—1958年）和人民公社化（1958—1978年）的农业组织形式，经营主体主要为农民集体，经营形式和经营体系主要为集体经营。改革开放后，家庭承包经营成为主要农业生产组织形式。在家庭承包经营这一组织形式的基础上，由于农业劳动力向城镇和非农产业转移，农村改革不断深化，承包地快速流转，越来越多的农产品开始走向规模化、专业化、集约化、社会化生产和经营。专业大户、家庭农场、农民合作社、龙头企业、农业经营性服务组织等新型农业经营主体和服务主体不断涌现，并逐步发展壮大，各种新的农业经营形式不断成长。

总之，新中国成立以来，中国的农业经营体系，经历了由改革开放前的农民集体占主导的格局到改革开放初期相对同质性的农民家庭占主导的格局的演变，再到现阶段的多元化经营主体并存、分工协作格局的转变。以农户家庭经营为基础、合作与联合为纽带、社会化服务为支撑、多种经营形式共同发展的立体式复合型现代农业经营体系日益形成、不断健全。

● 新型农业经营体系的基本特征有哪些？

新型农业经营体系的特征主要包括四点：一是专业化，即推动新型农业经营主体生产经营产业、产品专业化，为农户提供社会化服务专业化，解决传统农业经营体系中资源低效利用问题，提高农业劳动生产率；二是组织化，即通过建立专业生产合作社、企业等方式，把分散的农户和生产资料组织起来，以分工协作的方式进行生产，提高农产品生产组织化程度，同时构建农产品和市场之间的有力联系；三是集约化，即合理集聚和配置土地、资金、设备等生产要素，改变粗放的经营方式，促进规模生产和劳动效率的提升，实现既扩大生产的总量，又降低生产成本，提高单位生产效益；四是社会化，即以社会化分工协作为宗旨，各主体之间相互配合，促进农业生产产前、产中、产后各环节社会化分工协作，改变传统农业分散生产的状态，推动现代化农业生产。

新型农业经营体系的四方面特征是紧密联系、相互促进、互为条件的一个整体，其中，专业化管理是手段，组织化经营是路径，集约化生产是目标，社会化服务是保障。

● 构建新型农业经营体系的意义是什么？

构建新型农业经营体系是发展现代农业的需要。当前，我国农业农村正在发生深刻变化，农业生产经营方式面临很多新的挑战，经营规模小、方式粗放、组织化程度低、服务体系不健全、劳动力老龄化等问题表现突出。构建新型农业经营体系，符合农业经营方式的发展要求。培育专业大户、家庭农场、农民专业合作社、农业产业化龙头企业等新型农业经营主体，发展多种形式的农业规模经营和社会化服务，有利于解决现存的问题，保障和推动农业更好、更快地发展。

构建新型农业经营体系也是建设现代农业产业体系的关键。新型农业经营体系可以将资金、技术和现代经营管理理念引入农业,延长农业产业链条,提高农业的附加值,推动构建现代农业产业体系,提高农业的抗风险能力和市场竞争力。

● 现阶段构建新型农业经营体系的主要内容有哪些?

当前,国家高度重视新型农业经营体系的构建。习近平总书记指出,大国小农是我国的基本国情农情,要加快构建以农户家庭经营为基础、合作与联合为纽带、社会化服务为支撑的立体式复合型现代农业经营体系,实现小农户和现代农业有机衔接。2021年,中央一号文件《中共中央 国务院关于全面推进乡村振兴加快农业农村现代化的意见》就推进现代农业经营体系建设提出,突出抓好家庭农场和农民合作社两类经营主体,鼓励发展多种形式适度规模经营。实施家庭农场培育计划,把农业规模经营户培育成有活力的家庭农场。推进农民合作社质量提升,加大对运行规范的农民合作社扶持力度。发展壮大农业专业化、社会化服务组织,将先进适用的品种、投入品、技术、装备导入小农户。支持市场主体建设区域性农业全产业链综合服务中心。支持农业产业化龙头企业创新发展、做大做强。

综合来看,农业农村部门围绕组织小农户、服务小农户、提升小农户的目标导向,重点从三个方面构建新型农业经营体系:一是建立健全市场体系和运行机制,促进土地流转、土地托管、土地入股等,发展多种形式的规模经营;二是培育多种形式新型农业经营主体,特别是农民合作社和家庭农场两类农业经营主体,推进农民职业教育；三是发展农业社会化服务，深化供销合作社综合改革，促进小农户与现代农业有机衔接。

● **现阶段构建新型农业经营体系面临的主要困难是什么？**

新型农业经营主体发展不平衡不充分。多数新型农业经营主体仍处于成长期，单体规模偏小、整体实力偏弱，全产业链收益能力较低，联合合作不够，带动小农户能力还不强。小农户与新型农业经营主体利益联结机制不够紧密，难以充分享受产业链延伸、价值链增值的收益，合作共赢关系没有完全建立。

农业社会化服务体系建设有待健全。农业社会化服务组织发育不完全，农村集体经济组织服务小农户的作用发挥不够。农业服务产业规模偏小，单体服务规模不大、服务能力不强、服务质量不高，产前、产后等环节和经济作物、养殖业等领域服务相对滞后。

现代流通体系瓶颈有待破解。农村物流"最后一公里"尚未完全打通，新型农业经营主体和小农户通过网络销售农产品能力有待提升。网络销售农产品的品牌化、标准化和质量可追溯体系还需进一步完善，质量安全监管亟待加强。

农户对接新型农业经营体系动力不足。我国小农户基数大，占农业经营户总数的98%以上，经营耕地10亩以下的约2.1亿户，老龄化、兼业化、副业化严重，农业经营性收入占家庭收入比重持续下降，造成小农户缺乏主动融入现代农业的愿望和积极性。土地细碎化问题突出，劳动生产率和资源利用率还不高，科技文化素质整体水平偏低，应用现代生产要素能力有限，自身发展能力不足。

农业新型经营体系建设政策体系有待完善。当前，农业生产经营成本刚性增长，粮食等大田作物生产效益较低，影响农民种粮积极性。农业国际竞争日益加剧，自然灾害多发、频发，对小农户形成新的冲击。扶持农业新型经营体系的政策集成联动不够，精准性和可操作性有待加强。

● 推动新型农业经营体系建设的政策法规有哪些？

党的十八大报告第一次提出构建新型农业经营体系，要求"构建集约化、专业化、组织化、社会化相结合的新型农业经营体系"。其后，2013年，中央一号文件提出，围绕现代农业建设，充分发挥农村基本经营制度的优越性，着力构建集约化、专业化、组织化、社会化相结合的新型农业经营体系。党的十八届三中全会通过的《中共中央关于全面深化改革若干重大问题的决定》，把"加快构建新型农业经营体系"作为健全城乡发展一体化体制机制的重要举措。2017年，《关于深入推进农业供给侧结构性改革 加快培育农业农村发展新动能的若干意见》提出，大力培育新型农业经营主体和服务主体，通过经营权流转、股份合作、代耕代种、土地托管等多种方式，加快发展土地流转型、服务带动型等多种形式的规模经营。

党的十九大以来，为推动新型农业经营体系建设，国家出台多项政策法规，加强顶层设计，完善扶持政策。首先，中共中央、国务院先后印发了《关于保持土地承包关系稳定并长久不变的意见》《关于稳步推进农村集体产权制度改革的意见》《关于加快构建政策体系培育新型农业经营主体的意见》《关于促进小农户和现代农业发展有机衔接的意见》等一系列指导意见，明确了坚持家庭经营基础性地位、支持保护小农户发展的思路方法和政策举措；其次，全国人大常委会审议通过《中华人民共和国乡村振兴促进法》，修订《中华人民共和国农民专业合作社法》《中华人民共和国土地承包法》《中华人民共和国土地管理法》，为维护农民主体地位提供了坚实的法律保障。此外，有关部门根据职责分工，就培育家庭农场、促进农民专业合作社规范提升、扶持壮大集体经济、加快发展农业社会化服务、培育高素质农民、促进农业产业化龙头企业和联合体发展、金融支持新型农业经营主体、加快农业保险高质量发展、保障和规范农村一二三产业融合发展用地等出台了政策文件，印发新型农业经营主体和服务主体高质量发展规划，基本形成了促进新型农业经营体系发展的政策法规体系。

◉ 新型农业经营体系中各经营主体是什么关系？

新型农业经营体系中，各种新型农业经营主体既相互竞争，也相互合作、互相融合，共同推动传统农业向现代农业的转变。

专业大户和家庭农场主要承担农产品生产的功能，对小规模农户具有示范效应，带动传统农户采用先进技术和生产手段，增加资本和技术等生产要素的投资；农民专业合作社发挥带动散户、组织大户、对接企业、联结市场的功能，进而提升农民组织化程度；农业产业化龙头企业具有技术、资金、人才、设备的优势，能够实现先进生产要素的集成，承担着农产品加工和市场营销方面的功能，为农户提供产前、产中、产后的各类服务。

家庭农场的经营性质较为综合，可出于效率和效益的考虑，将一部分生产性服务外包给农民专业合作社等特定组织，在农地租赁方面也会借助于农民专业合作社，以避免面对分散农户的高昂交易成本。家庭农场也可能成为专业合作社社员。与此类似，农业产业化龙头企业也可以为降低与分散农户的交易成本而加入合作社，或者直接领办合作社。除此之外，家庭农场、农民专业合作社、农业产业化龙头企业等新型农业经营主体自身也会因为产品和服务的交易而产生经济合作关系。

长远来看，在我国新型农业经营体系中，专业大户和家庭农场将成为大宗农产品和商品粮的主要生产者，为小规模分散经营农户提供示范效应，带动小规模分散农户增加资本、技术等生产要素的投入，带动小规模分散农户采用先进技术和生产手段，提高农业生产的集约化水平。农民专业合作社将成为农业社会化服务的主要提供者，发挥带动散户、组织大户、对接企业、联结市场的作用，带领农民提升组织化程度，引领农民进入市场。农业产业化龙头企业将发挥其在资金、人才、技术、设备等方面的比较优势，致力于农业产前投入、产中服务、产后收储、加工和流通环节，以及资源开发利用和规模化养殖领域。

● 应从哪些方面推动新型农业经营体系机制建设？

建立分工协作、优势互补、链接高效的运行机制，是构建新型农业经营体系的重要一环。当前，应从以下方面推动新型农业经营体系的机制建设。一是土地流转机制。健全土地流转制度，建立运行规范的农村土地流转交易市场，为供需双方提供信息和咨询服务。二是市场主体准入机制。优化现代农业产业的投资指导目录，建立进入和推出机制，处理好进入者和退出者之间的利益关系。三是利益联结机制。创新利益分配模式，促进经营主体形成利益共享、风险共担的经济共同体，形成长期稳定合作，实现互利共赢。四是风险保障机制。从贯彻落实工商资本租赁农地监管和风险防范制度、建立健全土地流转服务中心、扩大政策性农业保险试点范围等方面构建完善的风险保障机制。五是政策保障机制。如政策扶持、法律保障、用地保障等。

● 构建新型农业经营体系有什么模式和经验？

构建新型农业经营体系的模式和经验有很多，近年来在国内影响较大的有以下几个。

1. 四川崇州"农业共营制"模式

崇州是四川农业大县和粮食主产区，面对农村劳动力大量外出务工，不仅需应对"谁来种田"问题，更要回答"怎样种田"问题。为此，崇州进行了多种形式探索，并形成了以家庭承包为基础，以农户为核心主体，农业职业经理人、土地股份合作社、社会化服务组织等多元主体共同经营的新型农业经营体系。其基本特征为：①创新培育机制，建立农业职业经理人队伍。在现有农业经营格局下，单个农户与社会化服务主体对接成本较高。崇州抓住这一关键，培育既能代表双方利益，又能协调双方行为的中介主体——农业职业经理人。②尊重农民意愿。按照农户入社自愿、退社自由、利益共享、风险共担原则，引导农户以土地承包经营权折资、折股，组建土地股份合作社，形成土地规模经营。其中，农户作为合作社社员，可直接参与理事会及监事会选举、农业生产计划安排、成本预算以及利益分配方案等决策过程；理事会代表全体社员公开招聘农业职业经理人，同农业职业经理人签订经营合同；农业职业经理人提出具体生产计划执行与预算方案、产量指标等。合作社与职业经理人、农户之间主要实行除本分红的分配方式，形成紧密型利益联结机制。③强化社会化服务，建立"一站式"服务超市。引导社会资金参与组建综合性农业社会化服务公司，整合公益性农业服务资源和社会化农业服务资源，分片区建立农业服务超市，搭建"一站式"全程农业生产服务平台。

崇州以培育农业职业经理人队伍推进农业的专业化经营，以农户为主体自愿、自主组建土地股份合作社推进农业的规模化经营，以强化社会化服务推进农业的组织化经营，实现了多元主体的"共建、共营、共享、多赢"，形成了"集体所有、家庭承包、多元经营、管住用途"的新型农业经营体系。

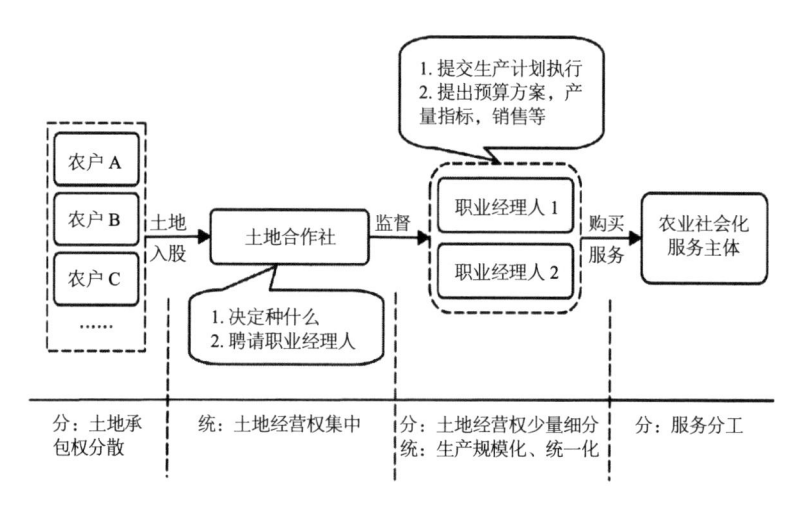

图 1-1　农业共营制运行机制

2. 安徽宿州农业产业化联合体模式

安徽宿州市是国家现代农业示范区和全国农村改革试验区。为解决规模经营、三次产业经营主体脱节、专业化服务和农村金融服务等问题，激发现代农业发展内生动力，探索形成了现代农业产业联合体模式。作为以"农业企业为龙头、家庭农场为基础、农民合作社为纽带"的一体化现代农业经营组织形式，现代农业产业联合体由农业企业牵头，下联若干个农民专业合作社及家庭农场，采取"农业企业+合作社+家庭农场"的运行模式。龙头企业做市场，家庭农场搞生产，合作社搞服务，各方建立紧密型的利益联结机制，包括合同契约联结、生产要素融合、互助联结，来实现联合体一体化经营，形成了"你中有我，我中有你"的一体化格局。

作为创新新型农业经营体系的实践与探索，现代农业产业联合体在提升农业社会化服务水平、推进产业融合、提高农业生产经营市场化程度、实现多元经营主体合作共赢等方面取得了多方面的成效。

3. 江苏淮安市淮阴区"三变"改革带动模式

为探索新型农业经营体系有效实现形式，淮安市淮阴区推出"区农业总公司+镇农业公司+村集体股份合作社+新型职业农民"合作模式，以及"品牌订单+初深加工+示范基地+家庭农场"经营模式。以区农业公司为龙头、镇农业公司为骨架、村集体合作社为肌体，成立1个区农业公司、10个镇（街道）农业公司、248个村集体股份合作社，培育1万名新型职业农民，推进村级资源变资产、资金变股金、农民变股东"三变"改革，形成"公司+农户"利益联结机制、产销一体化运营模式，把小农户生产和大市场连接到一起。

在这一体系中，区农业公司负责项目规划和运营，村集体领办由职业农民组成的劳务公司，实行"多劳多得、创新多得、干成多得"的薪酬管理制度。农民除通过土地入股获取保底收益、二次分红之外，还通过在公司就业增加收入。同时，为支持新型农业经营体系的构建，淮阴区持续增强农业综合服务中心功能，为农业发展提供融资支持；加强"两规"对接，为规模经营提供土地保障；实行农业保险托底，推动农业生产由保产量向保效益转变。

● 培育职业农民对构建新型农业经营体系有什么意义？

构建新型农业经营体系，需要培育多种形式的新型农业经营主体、大力发展新型农业社会化服务。无论要做好哪一方面，都需要以农民为核心，加快培育新型职业农民。

一方面，培育职业农民是构建新型农业经营体系的先导。当前，农村劳动力加速向城镇转移，谁来种地问题凸显。习近平总书记指出，农村经济社会发展，说到底，关键在人。没有人，没有劳动力，粮食安全谈不上，现代农业谈不上，新农村建设也谈不上，还会影响传统农耕文化保护和传承。只有把农民培育成为高素质高技能的职业农民，提升农业对农民的吸引力，才能解决"谁来种地、如何种好地"的问题。

另一方面，培育职业农民是构建新型农业经营体系的基础。新型农业经营主体中，家庭农场、合作社等的主导者都是职业农民。培育职业农民，就是培育各类新型经营主体的基本构成单元和细胞，对于构建新型农业经营体系将发挥基础性作用。

● 我国职业农民培育存在哪些不足？如何加快培育职业农民？

目前，我国新型职业农民培育主要存在四个方面的问题和不足。

一是培训内容传统单一，缺乏创新性和实用性。偏向传统的农业生产技术，尤其以种植技术和养殖技术为主，缺乏创新性和实用性。对于互联网营销、供应链运营等有利于提升产业整体价值、形成品牌效应的内容相对较少。二是培育方式以集中授课为主，缺乏时效性和经济性。目前，针对新型职业农民的培训主要有两类：一类是农闲时节把当地专业大户和农业合作社负责人集中起来到县城培训，耗时耗力，经济性不高，种养殖过程中出现的问题不能及时得到解决，缺乏时效性；另一类是县里的技术人员走村入户，对区域内职业农民进行技术指导，针对生产经营中的难题提供专业意见，这类培训覆盖面较小，且频次较低，时效性和经济性同样有待提高。三是培育资源未能有效统筹，缺乏系统性和协同性。多部门参与，条块分割，存在"九龙治水"、多头管理现象，师资、场地、经费等资源没有集中起来发挥作用，造成一定程度的资源浪费和短缺。四是培育成效难以检测，缺乏实践性和持续性。由于人口的流动性和乡村经济发展的多样性，已获取职业农民资格证书的新型职业农民其技能性和专业性无法进行科学合理的检测和追踪。

有鉴于此，应从多方面加快职业农民培训体系建设。

一是要建立和完善以农业广播电视学校、农民教育培训中心等专门机构为主体，以农业科研院所、农业职业院校、农技推广服务机构和其他社会力量为补充，以农业园区、农业企业和农民专业合作社为基地，"一主多元"的职业农民教育培训组织体系，实施涉农职业院校"名课名师征集活动"，加强空中课堂、固定课堂、流动课堂、田间课堂建设。

二是要建立完善教育培训、认定管理和政策扶持相互衔接配套的制度体系，构建标准化、规范化、科学化的农民培训制度，加强职业农民的认定管理。坚持"需求导向、产业主线、分层实施、全程培育"，以技能水平提高为关键，以选育用一体化的培育方式为路径，完善各项制度、规则体系。

三是要明确将种养能手、专业大户、家庭农场主、农民合作社带头人、农机操作手等作为培训重点，开展产业带头人培育和职业能力提升等专项行动，着力培育生产经营型、专业技能型和社会服务型等职业农民。

四是推进职业农民培育与农技服务、农机推广、数字乡村、金融担保、电商营销等相衔接，提供技术、政策、信息等综合性服务，发展示范引领作用。

第二编 发展多种形式规模经营

● 什么是规模经营？与规模经济有何区别？

规模经营，是指在一定的社会经济条件下，经营主体通过对土地、劳动力、资金、设备、经营管理、信息等各种生产要素的优化组合配置和运行，取得最佳经济效益的经营模式。

规模经济，是指随着生产专业化水平的提高、生产规模的扩大、边际要素收益的递增、单位产品平均要素成本的下降，形成长期平均要素成本随着产量增加而递减的经济。一般来说，规模经营是针对经营主体而言的，而规模经济是针对经济体系而言的。

● 什么是农业规模经营？农业规模经营的要素有哪些？

农业规模经营，是指根据耕地资源条件、社会经济条件、物质技术装备条件及政治历史条件的状况，确定一定的农业经营规模，以提高农业的劳动生产率、土地产出率和农产品商品率的一种农业经营形式。

农业规模经营的要素主要包括土地、劳动力、资本和管理四个方面。四大要素按照适当的规模进行合理配置，能够降低单位农产品的平均成本，增加边际收益，从而获得良好的经济效益和社会效益。

● 发展农业规模经营有什么意义？

农业规模经营是实现农业现代化的前提。规模经营集合了分散的土地，提高了农业劳动生产率，可以为社会分工和专业化生产打下良好的基础。

规模经营有利于科学技术和大中型机械在农业中的运用，加大农业生产中的科技因素，提升作业效率和效益；可以在生产过程中开展统一播种、统一施肥、统一灌溉和统一收割等，降低农产品单位成本，发展高效、优质农业，提高农业的经济效益。

规模经营有利于规模发展优质农产品，适应市场优质化、多样化和特色化需求，提升农业竞争力。我国现有2亿多农户，户均耕地面积只有7亩多，仅相当于欧盟的1/40、美国的1/400，在国际上缺乏竞争力，部分进口农产品到岸税后价格甚至低于国内价格。发展适度规模经营，能够推进标准化生产，降低生产成本，提高农业发展质量效益和竞争力。

规模经营有利于农村剩余劳动力的转移和我国城乡二元结构情况的改善。随着城镇化步伐加快，我国农村劳动力大量转移进城，预计到2035年，我国常住人口城镇化率将超过70%。大量农民进城就业，人地分离的现象将十分普遍。

规模经营有利于提高土地流转双方的收入水平。通过土地流转实现规模经营，使得种田的人有田种，获得种植收益；不想种田的人进行流转，获取土地流转收益，同时还能够从事非农劳动获得收入，以此实现转让户和经营户的双赢。

规模经营有利于增加农业投资。农业作为弱势产业，比较效益相对较低，金融机构对一家一户贷款的风险大、交易费用高，但适度的规模经营有利于吸引有投资实力的公司和个人，促进资金和劳动力的合理配置，增加农业投资。

● 影响农业规模经营的因素有哪些？

土地条件。我国幅员辽阔，各地土地条件有所不同。土地资源的丰缺程度，是否能大面积成片经营，决定了土地经营规模的数量级。相对来看，像东北、华北、长江中下游等平原地区的土地方便机械化作业，也方便流转承包，适合农业规模经营；南方的山区或者丘陵地区土地比较分散，机械作业具有一定难度，不易管理，规模经营的数量级相对较小。所以，农业规模经营还要因地制宜。

土地制度。我国的土地以家庭承包经营为主要耕种形式，土地的使用权比较分散，在小农户生产模式下，规模经营比较困难，因此需要开展"三权分置"改革，推进土地经营权流转，才能推进规模经营。

农民意识和素质。我国几千年的传统农业种植模式，影响着农民的意识。部分农民对土地有着很深的情结，不愿意将土地流转，影响农业规模经营。此外，劳动力的素质包括劳动者的农业生产经营知识、土地经营管理能力等方面的差异，也会影响农业经营规模。提高劳动者素质，将有利于农业经营规模的扩大。

生产力水平。不同国家和地区生产力发展水平不一，尤其是农业机械化水平不同，农业生产经营组织形式不同，也会影响农业规模经营的发展。农业机械普遍需要在较大面积的土地上才能使用，因此需要扩大土地面积来使农机充分发挥作用。

农业社会化服务能力。农业规模经营需要有相配套的产前、产中、产后服务体系，且服务的项目越广泛，质量越高，进行规模经营的可能性就越大。

投资能力。农业产业投入大、周期长，尤其是规模化经营，需要购买大型农机设备，需要承包土地，都要有一定的资本投入。因此，投资能力也是影响农业规模经营的因素之一。

● 农业规模经营的基础和发展方向是什么？

在我国实行以家庭承包经营为基础、统分结合的双层经营体制，农业规模经营的首要基础是实行土地流转。只有经过土地流转，才能实现土地"小田变大田"，实现规模经营。同时，必须处理好人、地、机三大生产要素的关系。发展规模经营，客观上要求大量农村劳动力从土地上解放出来。通过开展培训、建设劳务基地、开展劳务对接活动等举措，使农民走出土地，在本地从事二、三产业或进城务工就业，才能促进土地流转。而农业机械是土地规模经营的重要物质保障和技术支撑，通过农机化建设，可以提高劳动生产率，进而促进规模经营。

农业规模经营的发展方向是农业适度规模经营，就是指在既定的农业生产经营体制下，在保证土地生产率有所提高的前提下，要求每单位劳动力所承担的经营对象的数量，与社会经济发展水平和科学技术发展水平相适应，从而实现劳动效益、技术效益和经济效益的最佳结合。

发展农业适度规模经营，是促进农业和粮食生产长期稳定增长的重要途径，是发展现代农业的必由之路，是实现农业现代化的必然要求，是农村经济社会发展的必然趋势。

● 国家对农业适度规模经营的政策如何？

现阶段，国家在坚持农业基本经营制度的基础上，鼓励农业适度规模经营。一是鼓励农户依法采取转包、出租、互换、转让、入股等方式，流转承包地。支持农民以土地、资金、劳动、技术、产品为纽带，开展多种形式的合作与联合，适度扩大经营规模。通过经营权流转、股份合作、代耕代种、土地托管等多种方式，加快发展土地流转型、服务带动型等多种形式规模经营。二是建立健全土地流转管理服务体系。健全土地经营权流转市场，规范市场运行机制。引导土地流转双方签订书面流转合同，保护流转权方权益。建立土地经营权流转合同网签备案制度，推广使用土地流转合同示范文本。三是加快培育新型农业经营主体，带动适度规模经营发展。加大对农民合作社的支持力度，重点支持以家庭成员为主要劳动力，以农业为主要收入来源，从事专业化、集约化农业生产的规模适度的家庭农场发展。推动财政支农项目与新型经营主体有效对接，使其更加广泛和深入地参与财政支农项目的建设、运行和管理。四是强调适度规模经营。2015 年，中共中央办公厅、国务院办公厅印发的《深化农村改革综合性实施方案》指出，把握好土地经营权流转、集中和规模经营的度，不片面追求超大规模经营。五是鼓励金融机构加大对适度规模经营的支持力度，采取贷款贴息、风险补偿、融资增信、创投基金等方式，帮助适度规模经营主体拓宽融资渠道，降低融资成本。完善农业保险大灾风险分散机制，有效提高对适度规模经营的风险保障水平。

◉ 发展适度规模经营的"度"如何把握？

发展农业规模经营，必然会涉及较多的资金、人力和物力资源配置，因此，在市场把握存在短板的情况下，也存在较高的经营风险。结合我国现行农业生产经营体制，农业规模经营必须"适度"，不能盲目求大、强行推进，重点在基于规模经济原则和比较利益原则，实现各类要素的有效配置、农业生产效益提升和经营主体收入增加。

从全国来看，由于各地的农业资源禀赋、农民就业和收入结构等自然经济条件千差万别，不存在一个放之四海而皆准的土地经营规模适宜标准。所以，合理确定适合当地的土地经营规模要靠各地从实践中探索。从许多地方的实践来看，能达到土地经营规模的务农收入相当于当地二、三产业务工收入的，土地经营规模相当于当地户均承包土地面积10～15倍的，比较适合多数地区的生产需求，应当给予重点扶持。

此外，不仅各地农业经营适宜的规模标准不一而足，农业规模经营的实现形式也要因地制宜。有条件的地方可以根据农民意愿，统一连片整理耕地，将土地折股量化、确权到户，经营所得收益按股分配。农民可以在自愿前提下采取互换并地方式解决承包地细碎化问题，承包农户依法采取转包、出租、互换、转让及入股等方式流转承包地。农民也可以承包地入股组建土地股份合作社，开展联户经营，发展农民合作社联合社，扩大生产经营面积，解决土地碎片化和产出能力低下等问题，推动集约规模经营。除此之外，还可以通过社会化服务、农作制度创新等形式实现适度规模经营。

● 我国实行什么样的土地制度？

土地是农业农村最基本的生产要素。土地归谁所有、如何经营，是国家农业农村制度的核心问题。

我国宪法、农业法、土地管理法都明确规定，我国土地实行社会主义公有制，农村土地除由法律规定属于国家所有的以外，其他属于集体所有。宅基地和自留地、自留山也属于集体所有。

土地国家所有，是指国家对全民所有制的土地依法享有占有、使用、收益和处分的权利。土地集体所有，是指依照法律，土地属于劳动群众集体所有并享有占有、使用、收益和处分的权利。根据第三次全国国土调查数据，2019年，我国全国耕地19.18亿亩，其中，集体所有超过九成。

在农村土地归集体所有的同时，现阶段我国农村土地实行农民家庭承包经营。在稳定土地承包关系的基础上，法律允许土地使用权（土地经营权）依法转让。

● 我国农村土地制度经历了哪些变迁？

我国农村土地制度经历了三次较大的变迁。

1. 1953年以前，实行农村土地私有制

新中国成立初期的土地改革，实质上是改变农村基本土地制度，农村的土地产权制度并没有改变土地私有的性质，只是由地主私有变为农民个人私有。解放战争时期，实行"耕者有其田"的土地制度，解放区实行土地改革，平分田地，充分调动了农民生产和革命的积极性。1950年，《中华人民共和国土地改革法》颁布实施，废除了地主阶级封建剥削的土地所有制，实行农民的土地所有制，土地所有者有自由经营、买卖、出租土地的权利。在这个阶段，土地所有权、经营权都归农民所有，允许土地自由流转，但是，土地流转发生的范围和频率很小。农民拥有小块土地，土地产权高度分散，单个农户是小块土地的经营主体，经营能力很弱。新中国成立初期的土地改革，改变了土地的封建主义性质，提高了农民的生产积极性，但是，对提高农业生产力的作用非常有限，农业生产的方式是典型的小农经济，生产方式相对落后。

2. 1953—1978 年，实行集体土地所有制条件下的农民合作社和人民公社制度

1953 年，我国开始进行大规模社会主义改造，实质上是改变农村土地制度的性质，将个体私有制改为社会主义集体所有制，从而奠定了社会主义的经济基础。通过经济、政治、舆论等方式，引导农民完成社会主义改造，从互助组向农业生产合作社转变。到 1956 年底，共建设 76.4 万个农业生产合作社，96.1% 的农户入社，社会主义改造基本完成，土地的所有权、经营权全部归集体所有，个体小农经济被集体经济所代替。强调社会主义共有的条件下，农村土地在人民公社制度下集体经营，土地不准出租和买卖。土地的集体所有制突破了农民个体拥有小块土地的局限，解决了土地集中问题。集体经济相对个人有更强的经济实力进行农业生产投入，能够推进规模经营和农业现代化发展。但是，产权变革对农业生产力的促进作用并没有完全显现，农业现代化进程十分缓慢，因为土地的集体所有制使农户失去了在土地产权关系中的主体地位和生产经营者的主体地位，经济利益受到了直接损害，农民的生产积极性受到了挫伤。

3. 1978 年后，实行集体土地所有制条件下的家庭联产承包责任制

党的十一届三中全会后，中央推动农村改革，承认包产到户的合法性和家庭联产承包责任制的合法地位。改革调整了依附在土地上的权利关系，我国的农村土地制度开始从集体所有、集体经营向集体经营、家庭经营的模式转变，土地所有权和经营权产生了分离。以土地集体所有、家庭经营为特征的土地产权关系，落实了农户生产经营的主体地位，带动了农户的生产积极性。1984 年，中央一号文件明确了土地承包期限一般在 15 年以上，这是我国农村土地流转政策的一大突破。2008 年，党的十七届三中全会再次明确，土地制度是农村的基本制度，允许农民发展多种形式的适度规模经营。2019 年，党的十九大报告提出，深化农村土地制度改革，完善承包地"三权分置"制度。保持土地承包关系稳定并长久不变，第二轮土地承包到期后再延长 30 年。

● 什么是"两不变、一稳定"？其内涵是什么？

为充分保障农民土地承包权益，进一步完善农村土地承包经营制度，推进乡村振兴战略，2019 年 11 月，中共中央、国务院发布《关于保持土地承包关系稳定并长久不变的意见》，明确了长久不变的政策内涵，即"两不变、一稳定"。

保持土地集体所有、家庭承包经营的基本制度长久不变。农村土地集体所有、家庭承包经营的基本制度，有利于调动集体和农民的积极性，对保障国家粮食安全和农产品有效供给具有重要作用，必须毫不动摇地长久坚持，确保农民集体有效行使集体土地所有权、集体成员平等享有土地承包权。

保持农户依法承包集体土地的基本权利长久不变。家庭经营在农业生产经营中居于基础性地位，要长久保障和实现农户依法承包集体土地的基本权利。农村集体经济组织成员有权依法承包集体土地，任何组织和个人都不能剥夺和非法限制。同时，要根据时代发展需要，不断强化对土地承包地占有、使用、权益、流转及承包土地的经营权抵押、担保权利，不断赋予其更完善的权能。

保持农户承包地稳定。农户是土地承包经营的法定主体，农村集体土地由集体经济组织内的农户承包，家庭成员依法平等享有承包土地的各项权益。农户承包地要保持稳定，发包方及其他经济组织和个人不得违法调整。鼓励承包农户增加投入，保护和提升地力。各地可在农民自愿前提下结合农田基本建设，组织开展互换并地，发展连片种植。支持新型农业经营主体通过流转农户承包地进行农田整理，提升农业综合生产能力。

● 什么是"三权分置"改革？

我国土地的所有权性质是不变的。即使在农村土地承包后，土地的所有权性质仍保持不变，承包地不得买卖。但是，改革开放后，我国搞家庭联产承包制，把土地所有权和承包经营权分开，集体所有的土地依法承包给个人经营。在此情况下，土地所有权和承包经营权相分离。

随着我国农村分工分业发展和大量农民进城务工，土地承包权主体与经营权主体发生分离的现象日益普遍。为此，在总结各地改革实践的基础上，我国于2015年开始农村土地"三权分置"改革，即在坚持农村土地集体所有的前提下，实施农户承包权和土地经营权分离，形成所有权、承包权、经营权"三权分置"，经营权流转的格局。

"三权分置"改革是继家庭联产承包责任制后农村改革的又一重大制度创新。2018年修订的《农村土地承包法》规定，承包方承包土地后，享有土地承包经营权，可以自己经营，也可以保留土地承包权，流转其承包地的土地经营权，由他人经营。国家保护承包方依法、自愿、有偿流转土地经营权，保护土地经营权人的合法权益，任何组织和个人不得侵犯。

● "三权分置"改革的意义是什么？

"三权分置"拓展了农村土地集体所有制的有效实现形式。改革开放初期，我国实行家庭联产承包责任制，逐步确立了集体土地所有权和农户土地承包经营权"两权分离"的制度框架，赋予农户长期而有保障的土地使用权，调动了广大农民的生产积极性，实现了解决温饱问题的基本目标。现阶段，随着工业化、城镇化深入推进，农村劳动力大量进入城镇就业，相当一部分农户将承包土地流转给他人经营，承包主体与经营主体分离，从而使承包经营权进一步分解为相对独立的承包权和经营权。实行"三权分置"，既坚持了农村土地集体所有，强化了对农户土地承包权的保护，又顺应了土地要素合理流转、提升农业经营规模效益和竞争力的需要。

"三权分置"展现了我国农村基本经营制度的持久活力。随着大量农村劳动力转移和人口迁移，2亿多承包农户不断分化，家家包地、户户务农的局面发生变化，催生了专业大户、家庭农场、农民合作社、农业企业等各类新型经营主体，形成了集体拥有所有权、农户享有承包权、新型主体行使经营权的新格局，实现了从"集体所有、农户承包经营"的双层经营逐步向"集体所有、农户承包、多元经营"转变。在新格局下，"统"的层次从过去单一的集体经济，向集体经济、合作社、社会化服务组织、龙头企业等多元化、多层次、多形式的经营服务体系转变；"分"的层次从单一的传统承包农户，向普通农户、家庭农场、专业大户等多元经营主体共存转变,两方面共同构成了立体式复合型现代农业经营体系,提高了农业生产经营的集约化、专业化、组织化、社会化程度,为农村基本经营制度注入了活力。

"三权分置"顺应了发展适度规模经营的时代要求。新形势下,一方面,农业适度规模经营成为可能,而且发展要求迫切;另一方面,承包地的就业保障功能虽有所弱化,但仍发挥着重要的托底作用。实行"三权分置",在保护农户承包权益的基础上,赋予新型经营主体更多的土地权能,有利于促进土地经营权在更大范围内的优化配置,提升土地产出率、劳动生产率和资源利用率,转变农业发展方式,走出一条中国特色新型农业现代化道路。

● "三权分置"改革应坚持哪些原则?

推动"三权分置"改革,重点要把握好四个原则:一是要有利于维护农民权益,通过明晰"三权"权能边界、权能关系,维护农民集体、承包农户、土地经营者等各方权益,最大限度地发挥农地的经济、社会、生态效益。二是要有利于发展现代农业,坚持发挥市场在资源配置中的决定性作用和更好地发挥政府作用,促进土地经营权有序流转,发展多种形式适度规模经营,提升农业现代化水平,增强农业国际竞争力。三是要有利于促进城镇化发展,强化对农民土地承包权益的物权保护,健全覆盖城乡居民统一的社会保障体系,让农民放心流转土地、安心进城落户,推进以人为核心的新型城镇化进程。四是要有利于农村社会稳定,确保农民平等享受土地承包权益,实现共同富裕,促进社会公平正义。

● "三权分置"的具体实践形式有哪些？是如何促进规模经营的？

我国各地资源禀赋、经济社会发展水平、人地关系等都存在较大差异，这催生了多元化的经营主体以及不同的"三权分置"改革实现形式。如，以土地承包经营权入股、集体统一经营的土地股份合作制；将土地经营权流转给村集体，统一整理后再发包给有经营能力农户的家庭农场制；在农户承包权不变的情况下，协商交换经营权，小块并大块，形成"按户连片"耕种制；以土地经营权入股合作社，农户、合作社、职业经理人和专业服务组织共同经营的"农业共营制"；在土地经营权主体不变的情况下，农户通过市场购买服务，委托专业服务组织、合作社全托管、半托管开展农业生产经营等，都是"三权分置"的有效实现形式。

从本质上看，这些形式主要通过土地经营权流转或共享，形成土地集中型、服务集中型两种基本规模经营形式。

通过土地经营权流转形成土地集中型规模经营。在务工机会较多、专业化趋势明显、大量农村劳动力基本或完全脱离农业的城市郊区和发达地区，农民愿意流转土地，土地承包权和经营权直接分离，实现土地要素集聚和规模连片经营。这种方式打破了传统的土地细碎化、小农分散经营的格局，为农业规模化、集约化、专业化生产奠定了土地要素基础。通过这种形式的"三权分置"，培育专业大户、家庭农场、农业企业等新型经营主体，可以解决"谁来种地"的问题。

通过土地经营权共享形成服务集中型规模经营。在青壮年劳动力大量外出、留守老人和妇女又不愿意完全放弃土地经营权的地区，通过土地股份合作、土地托管半托管、联耕联种等形式，实现土地经营权在兼业农户、新型主体之间的共享，发展以服务集中为特征的农业规模经营。这种方式解决了单家独户无法使用大型农机具、与市场对接难等问题，在不流转土地经营权的前提下，有效提升了农业社会化、组织化生产经营水平。通过这种形式的"三权分置"，培育专业合作社、新型农业社会化服务主体，可以解决分散经营下"地怎么种好"的问题。这种以社会化服务带动承包农户和服务主体共享经营权的规模经营形式，在现阶段具有广阔的前景。

● 什么是土地流转？农村土地流转的形式有哪些？

土地流转是在我国土地公有制的前提下，不改变土地所有权，只流转附属于土地之上的相关权利。农村土地的所有权依法归集体和国家所有，农户享有土地承包权，流转的是土地的经营权（也称使用权）。也就是说，土地流转通常指的是土地经营权的流转。

我国农村土地流转主要有八种形式。

转包。农户在土地承包期限内，将自己承包的土地经营权转移给其他组织或者农户，自定转包期限，新承包户负责缴纳土地税费、提留，并完成粮食合同订购任务。也可以由村经济组织进行转包。

转让。农户在土地承包期限内，自行将土地经营权转让给其他农户，自定转让期，耕种户付给原承包户一定的转让费，并负责履行土地承包合同规定的权利和义务。原承包方和发包方的承包关系终止，新的承包方和发包方建立新的承包关系，但是，这种流转方式需要经发包方同意。

互换。集体或农民为了方便耕种、管理或发展某项专业化生产，在同一集体经济组织土地内，通过自愿协商，将自己的承包地与他人的承包地互换使用权，双方协商确定交换时间和交换条件，但土地所有权不变。

入股。集体或农民以土地使用权入股，从而将分散经营的土地集中起来，兴办股份制或股份合作制企业，进行农业适度规模经营，所得利益按股分红。

出租。集体或农户在一定期限内，将土地使用权租赁给承租人，以发展高产、优质、高效农业，经营者付给集体或农户一定地租，同时，还要负担租赁土地的税费和粮食订购。

兼并。农业产业化进程中，有经济实力的龙头企业兼并农户，以实现农业一体化经营。农户按照龙头企业的要求进行生产和加工，成为一体化组织中的一个独立单元。

收回重新发包。对无人耕种抛荒1年以上的土地，土地发包单位有权终止原来的土地承包合同，收回土地重新发包给其他农户进行承包经营。

拍卖"四荒地"。四荒地是指无人承包或者承包之后仍然荒废的荒山、荒坡、荒沟、荒滩。集体可将四荒地的地表及地表附属物（不包括矿藏）的使用权拍卖给有能力的单位或者个人经营，使用期为50～100年。

● 农村土地经营权流转有什么意义？

首先，土地经营权流转是实行适度规模经营、培育新型农业经营主体的基础条件。土地经营权流转，为农村土地经营提供了多样化的经营形式。我国以小农户经营为主的体制，造成土地平均经营规模较小，虽然可以满足温饱，但是难以致富。土地经营权的流转，能够促进农村土地向具有农业生产比较优势的经营主体集中，从而有效利用土地资源，促进农业生产要素的合理配置，实现土地规模化和集约化经营，促进自然资源的合理开发利用，保障粮食产量稳步增长，促进农民收入增加。

其次，土地经营权流转是实现农业现代化的前提。现代农业发展所需要的科技创新和专业化生产是小农户所不具备的。传统农户进行农业生产主要依赖生产经验，缺乏现代科技的支持，科技投入规模不足以带动农业发展。土地经营权流转之后，专业化生产得以实现，新技术的推广也有了更大面积的受众，技术应用有了可以施展的场所，还能够促进标准化生产。此外，小农户生产的农产品规模有限，市场半径很小。土地经营权流转后，市场半径会有所扩大，要素市场也逐步发展。土地流转形成土地市场，农民工流出形成外部劳动力市场，留守农民进入企业打工，形成内部劳动力市场。现代化农业必然是市场化的农业，土地经营权的流转与市场发展紧密联系，为现代农业的发展奠定了基础。

最后，土地经营权流转为新型农业经营主体的发展奠定了基础。随着土地经营权流转的推进，专业大户、家庭农场、农民专业合作社、农业产业化龙头企业等经营主体应运而生，促进了对传统农业的改造，为农村发展注入了新鲜活力。在这个背景下，农民的身份和地位也有所变化，农民不仅仅是劳动者，还成为经营者，变为财产的所有者，有了财产性收入。

◉ 小农户土地流转意愿受哪些因素影响？

土地流转受地区经济发展水平的影响。总体上看，经济发达的地区土地流转比率较大，发达地区农民的非农业就业机会更多，工资性收入大于农业经营收入，农民在进行非农业就业时，更加愿意流转土地以增加财产性收入。与之相反，在经济欠发达地区，农民的非农业就业机会相对较少，土地是农民生存的根本保证，是农民最主要的收入来源。欠发达地区的农民一般不会大规模流转土地。

土地流转受城市化发展速度的影响。工业化发展带动城市化进程，在经济发展过程中，农村人口向城市转移，城市化率逐渐提高。城市化发展带动农村人口向城市转移，相应地带动农村土地的流转。但是，只有农民在城市中实现稳定工作，消除后顾之忧，才能真正实现城市化和土地流转。

土地流转受社会保障制度的影响。健全的社会保障制度可以解决农民的后顾之忧，消除农民的心理负担，解决农民的实际问题，从而促进土地流转。

◉ 土地流转的主要阻碍是什么？

农村土地流转的阻碍主要有：

（1）土地流转过程中的信息不对称。很多农村土地的流转都是由村集体经济组织进行的，普通农户获得的流转信息较少，对流转事宜的信任不足。

（2）农民有较强的恋土情结，尤其是中老年农民不愿意流转土地。部分农民也担心土地流转后被挪作他用，导致土地收回后不再适合耕种。

（3）我国农村社会保障制度还不够健全，土地具有的社会保障功能和就业功能使农民不愿意放弃现有的土地承包经营权。

● 我国农村土地流转的模式是如何分类的？

土地流转模式是指在特定土地产权制度下所形成的土地流转方法。目前，土地流转模式主要是按照参与并主导交易的主体进行分类，并分为农户自发的单层委托流转、市场参与的中介委托流转以及集体主导的双层委托流转三类模式。

1. 农户自发流转模式

是以出租、转包等为代表形式的土地流转模式。这一模式由农户自身作为流转主体，在农村土地承包期间，主动将其土地承包经营权转让给受让方，从而在农户之间形成单层的委托代理关系。农户自发流转的动力来自流转双方均存在共赢的流转需求。在流转意愿方面，流转双方均遵循自愿原则，流转期限灵活，流转协议多采用口头协议；在流转经营上，遵循保护耕地原则，不破坏土地，大多保留原有种植模式。这一模式的最大优势在于充分尊重农户的意愿，但该模式流转后土地规模很难集中，因而经济效益提升缓慢。

2. 市场参与流转模式

是指将土地等价置换为股权，由经济组织以土地股权入股形式成立股份合作社的模式。该模式通过股权可以使得分散的土地集中起来，进行规模化生产，提高农业比较效益的同时在农户与市场中介之间形成了一个循环委托——代理关系。股份合作制、土地信托等流转模式是市场参与土地流转的代表模式。这一模式可以在优化土地资源配置、拓宽农业发展渠道等方面起到关键作用，但需加强政府引导及监管，以避免在制度、市场方面出现不规范情况。

3. 集体主导流转模式

是指集体经济组织介入土地流转交易，集体经济组织将土地的经营权集中承包起来，再将承包地按照一定调整原则进行调整，倒包给有实力的种植大户或农业公司。集体主导流转属于双层委托——代理关系。集体主导流转模式主要包括"农户—集体—农业企业"的反租倒包等流转模式，可以加强土地经营的规模化，但存在一定的交易风险，需要设定风险预防机制，最大限度保障农户权益。

◉ 土地流转应该注意哪些问题？

（1）土地流转不能强迫命令，必须自愿互利。除了对无人耕种的荒地采取必要的行政手段收回重新发包外，其余情况下的土地流转要经过流转双方自愿协商，不能强迫执行，只能积极引导。

（2）土地流转必须因地制宜，不能"一刀切"。只要不改变土地的所有权和用途，有利于生产力发展的流转形式都应当充分采用，做到因地制宜、因人制宜、因事制宜。

（3）土地流转要有利于农业发展，不能弃耕丢荒。土地流转的目的就是提高土地利用率、生产率和商品率。对于丢荒者需要采取行政措施硬性流转。

（4）不能改变土地所有权，必须保证土地归集体所有。土地流转只是使用权的流转，不是所有权的流转，不代表土地私有。土地属于集体经济所有，土地承包者也不能以土地抵偿债务。

（5）不能改变土地用途，必须保证农业用地。农业用地流转后必须从事农业生产，不能改变用途，不能用来从事其他产业。若改变土地用途要经过土地所有者同意，还必须依法得到政府国土部门的批准。

（6）要保护实际耕作者的利益，不能把耕地转让费定得过高。土地的有偿转让，有利于土地向需要的农户流转，有利于土地资源的有效配置，但是转让费不能过高，应制定转让费最高限价以保护实际耕作者的权益。

（7）要注意完善流转合同，不能放任自流。土地使用权的流转要签订书面合同，约定流转期限、流转形式、经济补偿、权利义务等问题，并严格按照合同规定履行义务、行使权利，避免由于缺乏规范的流转程序而引起纠纷。

◉ 国家规范土地经营权流转的制度有哪些？主要内容是什么？

2014年，中共中央办公厅、国务院办公厅印发《关于引导农村土地经营权有序流转发展农业适度规模经营的意见》，明确了在"三权分置"制度下，土地经营权流转和适度规模经营的原则和内涵，提出加强对工商企业租赁农地的监管和风险防范，为促进农村资源要素合理配置、引导土地经营权有序流转、发展多种形式适度规模经营提供了保障。2015年，农业部、中央农办、国土资源部、国家工商总局联合印发《关于加强对工商资本租赁农地监管和风险防范的意见》，要求各地对工商资本长时间、大面积租赁农地要有明确上限控制，建立风险防范制度。2016年，农业部印发《农村土地经营权流转交易市场运行规范（试行）》，进一步指导各地规范农村土地流转市场。2019年，中央农办、农业农村部印发《关于做好整村流转农户承包地风险防范工作的通知》，强调各地必须原原本本贯彻落实中央方针政策。

这些制度主要从四个方面规范引导农村土地经营权流转。一是健全流转交易信息服务平台，实现土地流转供求信息的公开和共享。完善土地流转合同签订、鉴证、备案制度，规范流转行为。建立流转指导价格定期发布制度，引导价格市场化，保证规模经营的合理利润空间。二是规范工商企业下乡租赁农地。新修订的《农村土地承包法》明确提出，县级以上地方政府应当建立工商企业等社会资本通过流转取得土地经营权的资格审查、项目审核和风险防范制度，建立健全准入制度，加强全过程监管。严格流转土地用途监管，防止流转土地"非粮化""非农化"。三是加强防范整村流转农户承包地风险。农村承包地整村流转，涉及的主体多，包含的利益关系复杂，必须尊重农民意愿，把选择权交给农民；坚持依法自愿有偿，不能搞强迫命令。四是健全农村土地承包纠纷调处制度，切实化解矛盾纠纷。

● 土地流转应遵循哪些程序？

土地流转的程序主要包括。

（1）提出申请。①土地转出方向土地流转服务中心提出委托申请并填写农村土地承包经营权流转转出委托申请书，内容包括：姓名、村名、面积、地名、地类、四至、价格、期限、联系电话。②土地流转方向土地流转服务中心提出委托申请并填写农村土地承包经营权流转转入委托申请书，内容包括：姓名、单位、需求面积、地类要求、意向流转期限、拟从事经营项目、联系电话。

（2）审核登记。①土地流转服务中心对转让方土地情况进行核实，经村集体经济组织同意并办理相关手续后，进行登记。②土地流转服务中心对转入方的经营能力和经营项目进行审核后，进行登记。

（3）收益评估。收益评估员评估土地收益，为确定土地流转价格提供参照依据，并将评估结果反馈给信息联络员。

（4）提供信息。信息联络员根据收益评估员的评估结果及土地流转双方提供的信息，向土地流转双方提供土地需求信息，并约请双方会面。

（5）会面洽谈。土地流转中心作为中介人，帮助土地流转双方当面洽谈流转价格、期限等相关事宜。

（6）签订合同。土地流转双方协商一致，达成流转意向后，签订统一文本的土地流转合同。

（7）签证，归档。土地流转合同一式四份，经镇农经站鉴定后，流转双方各执一份，其余两份分别由村、镇归档备案。

● 土地流转合同应如何签署？一般包含哪些内容？

土地流转，当事人双方应当签订书面流转合同。承包方将土地交由他人代耕不超过一年的，可以不签订书面合同。

土地流转合同一般包括以下条款：①双方当事人的姓名、住所。②流转土地的名称、坐落、面积、质量等级。③流转期限和起止日期。④流转土地的用途。⑤双方当事人的权利和义务。⑥流转价款及支付方式。⑦土地被依法征收、征用、占用时有关补偿费的归属。⑧违约责任。

通常来讲，小农户最关注合同中的流转土地价格及支付方式，而合作社、家庭农场、专业大户比较关注流转土地位置是否连片，龙头企业则更为关注流转土地的期限。

◉ **土地流转与土地租赁有何区别？**

区别主要体现在二者的合同对象、合同主体以及合同期限不同。就合同对象看，土地流转合同的对象特指土地承包经营权，土地租赁合同的对象相对宽泛，土地及土地上附着可使用的合法物品都可以作为租赁对象；就合同主体看，土地流转的一方主体必定是土地承包经营权人，而土地租赁合同的一方主体可以是土地所有者，也可以是土地使用者或者管理者；就合同期限看，土地租赁合同的最高期限是 20 年，超过 20 年无效，而土地流转合同则不一定，但要受土地承包合同期限的限制。

◉ **土地承包和流转中出现纠纷怎么办？**

2002 年 8 月颁发的《农村土地承包法》明确，农村土地承包经营纠纷可以申请调解仲裁。2009 年 6 月颁布的《农村土地承包经营纠纷调解仲裁法》，对土地承包经营纠纷调解仲裁机构设置、工作程序作出详细规定。2013 年，农业部印发《农村土地承包经营纠纷调解仲裁工作规范》，推进相关工作的制度化、规范化。2016 年，农业部印发《关于加强基层农村土地承包调解体系建设的意见》，推动建立"乡村调解、县市仲裁、司法保障"的农村土地承包经营纠纷化解机制。2017 年，印发的《农村土地承包仲裁员农业行业职业技能标准（试行）》，对仲裁员职业的工作内容、技能要求作出规范。

截至 2021 年底，全国共设立农村土地承包仲裁委员会 2595 个，其中，县级仲裁委员会 2478 个，依法聘请仲裁员 5.47 万人。调解仲裁成为农村土地承包纠纷解决的重要途径和方式。

农村土地承包和流转的仲裁有如下特点：一是仲裁范围明确，即包括因订立、履行、变更、解除和终止农村土地承包合同发生的纠纷，因农村土地承包经营权转包、出租、互换、转让、入股等流转发生的纠纷，因收回、调整承包地发生的纠纷，因确认农村土地承包经营权发生的纠纷，因侵害农村土地承包经营权发生的纠纷等。二是仲裁制度上采取非协议仲裁、可裁可审、裁后再审等，仲裁地点和程序采取便民设计，简便易行，如仲裁开庭可在纠纷涉及土地所在乡镇村进行，也可在农村土地承包仲裁委员会所在地进行；经双方当事人同意，可以由一名仲裁员仲裁，仲裁应当自受理申请之日起六十日内结束。三是仲裁有明显的公益性。仲裁工作不向当事人收取费用，而是由政府财政部门承担仲裁费用。

● 什么是农业生产托管？发展农业生产托管的意义有哪些？

农业生产托管是农户等生产经营主体在不流转土地经营权的情况下，将农业生产中的耕、种、防、收等部分或全部作业环节委托给社会化服务组织完成的农业经营方式，是推进农业生产性服务业发展、带动小农户发展适度规模经营的主推服务方式和重要抓手。

发展农业生产托管，对巩固农村基本经营制度、促进规模经营、加快农业生产性服务业发展具有重要意义。一是有利于农业生产降本增效。农户采取全程托管，可以有效降低种植成本。二是有利于推动绿色发展。通过农业生产托管，采取测土配方施肥、统防统治、绿色防控等先进生产技术应用，可以降低化肥、农药等的施用量。三是带动农户增收。通过土地入股、产业带动、集体参与等多种形式，可以有效带动农户增收致富。

● 农业生产托管的方式有哪些？

农业生产托管主要有全程托管、多环节托管和关键环节综合托管三种方式。

全程托管。是指农业生产的耕、种、防、收等生产作业环节全部交由受托方来完成的方式。按照这一方式，土地委托方（农户）向受托方订购耕、种、防、管、收等全套农业生产服务项目，并交纳一定费用，收获后可从受托方获得约定的粮食或者相应的折价。受托方一般是农业社会化服务项目较全的组织，作为农业社会化服务的一级供应商（如综合服务类合作社、公司），将农机队、劳务队等作为二级供应商，集成提供托管服务。全程托管能较好地解决农户"无力耕种"或"无暇耕种"的问题，解放农村劳动力，使在外打工的兼业农户可以安心工作，节省误工费和交通费；能利用先进的技术装备发展生产，通过规模化经营来降低成本，从而获得更多收益。

多环节托管。是指土地委托方（农户）根据需要，向受托方订购耕、种、防、管、收环节中的部分农业生产服务项目的方式。在实践中，多环节托管的方式较为普遍。受托方可以是农业社会化服务的一级供应商，也可以是服务能力次之的二级供应商，并按服务项目交费。多环节托管可以将先进的品种、技术、装备等要素灵活地导入农业，按照农户需要提供服务，实现资源优化配置，把众多小农户衔接引入现代农业发展轨道。

关键环节综合托管。是指土地委托方（农户）根据需要，向受托方订购某一生产环节服务项目的方式。在农业生产中，一些农户能够依靠自身拥有的设备和技术完成绝大多数生产作业，但个别生产环节技术不精。通过关键环节综合托管，能够很好地补齐生产中存在的短板，促进农业生产提质增效、转型升级。例如，农户所在地区的生产机械化率很高，耕、种、收环节能够实现高效作业，但防治环节较差。通过对防治环节开展统防、统治等托管服务，能够补齐这一短板，确保农业生产全环节都能够符合现代农业发展的要求。

⦿ 如何推进农业生产托管服务发展？

一是加大政策支持力度。当前，虽然农业生产托管在实践中发展迅速，但也存在市场发育不足的问题。各地政府可采取政府购买服务、以奖代补、先服务后补助等方式，按照托管服务面积、服务效果等对服务组织进行补助。在支持种粮大户、家庭农场、合作社、社会化服务组织等多种形式适度规模经营主体的同时，注重引导小农户在农业生产关键环节或全程接受农业生产托管等社会化服务，让小农户也享受到财政支持政策的好处，带动小农户发展。

二是加强配套设施建设。目前，我国部分农区的集中育秧、粮食烘干、农机场库棚和仓储物流等配套基础设施相对不足，不能满足广大服务组织高质量、高水平服务的需求。相关部门应制定相关政策，探索建设集中使用的粮食烘干、农机场库棚和仓储物流等服务基础设施，或对各类服务组织开展托管服务的基础设施给予补贴。此外，可探索建立集信息发布、农机调度、物流配送、金融保险等于一体的生产托管综合服务平台，解决服务主体面临的信息不畅的困难。

三是促进行业规范发展。各类服务主体发展水平不一、素质参差不齐，应探索建立统一的服务标准，按照标准提供高质量服务。在个别区域，要引导服务组织合理确定托管服务价格，防止个别服务组织形成价格垄断，发生价格欺诈，切实保障农户利益不受损害。

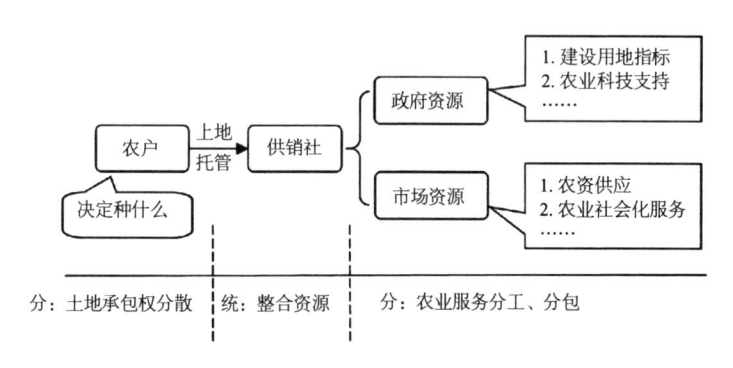

图 2-1 供销社土地托管运行机制

第三编 发展新型农业经营主体

经营

● 新型农业经营主体形成的背景是什么？

农业生产面临的突出问题和成熟的发展条件，是新型农业经营主体形成的两大背景。

一方面，随着国民经济的快速发展，工业化、城镇化、市场化深入推进，农村富余劳动力开始向城镇和第二、三产业转移，农村劳动力的结构发生了很大变化，从事农业的劳动力老龄化趋势明显，谁来种地和怎么种地的问题日益突出。

另一方面，随着农业高新技术逐渐传播和实践，新材料、新装备集成应用，农业机械化、信息化持续推进，服务社会化不断发展，带动土地规模经营发展迅速。同时，农村土地流转日趋顺畅，土地流转面积占家庭承包耕地的比重不断扩大，也为新型经营主体发展创造了条件。

在以上两方面背景作用下，培育新型农业经营主体已经成为发展农村经济、推进农业现代化的必由之路，也是大势所趋。

● 什么是专业大户？

专业大户，是指以农业领域某一细分产业的专业化生产为主，以家庭生产经营为单位，以市场需求为导向，具有一定的经营管理能力和专业化水平，在种植、养殖生产规模上明显大于传统农户或一般农户，初步实现规模经营的农户。主要包括粮食专业大户、设施蔬菜专业大户、家畜养殖专业大户、家禽养殖专业大户、特种养殖专业大户、渔业专业大户、农机专业大户等。

专业大户是从传统农户中脱颖而出的新型农业经营主体，能够利用自身优势进入农业生产和经营，将主要精力投入农业生产中，拥有比传统农户更强的资金和技术实力,相比传统农户更有文化、懂技术、会经营,有一定的市场意识、共赢意识和合作意识,是推进现代农业发展的重要农业经营主体之一。

● 发展专业大户有什么现实意义?

发展专业大户,有利于促进农业规模经营和产业结构调整优化。专业大户从事面向市场的商品化、专业化、规模化农产品商品生产,其经济利益与经营规模直接关联。为提高自身利益,克服经营规模太小的弱点,专业大户吸收细碎化土地,加快农村土地流转。

发展专业大户,有利于充分发挥农民生产积极性和农业社会化服务作用。专业大户以家庭劳动力和基本的农业生产工具为主,保留家庭经营的优点;同时,专业大户一般利用社会化服务机构提供的农业、技术等专业化服务,有利于促进农业社会化服务发展。

发展专业大户,有利于优化耕地资源的配置效率。专业大户流转土地的方式和期限相对更加灵活,规模一般有限,能够较好地适应当前农民人多地少和农民非农就业不稳定的实际状况。专业大户流转土地后基本都种植农作物,不会影响粮食安全。

● 什么是家庭农场?

家庭农场,是指以农业生产为主业,以家庭为生产经营单位,以家庭成员为主要劳动力,以土地适度规模化为基础,通过承包、受让或租赁土地,从事农业规模化、集约化、商品化生产经营,并以农业收入为家庭主要收入来源的新型农业经营主体。

家庭农场一般分两类:一类是从事单一类型产业的种植型、渔业型、林业型和畜牧养殖型家庭农场；另一类是从事农、林、牧、渔中两类或多类产业组合（如种养结合）的综合型家庭农场。

家庭农场本质上是带有社会化生产方式的家庭经营，外在表现是土地的适度规模，所以受到国家政策鼓励和支持。2013年，家庭农场的概念首次在中央一号文件中出现，文中提出：鼓励和支持承包土地向专业大户、家庭农场、农民合作社流转。自那时起的十年来，家庭农场一直是国家鼓励和支持发展的新型农业经营主体之一。

◉ 家庭农场有什么特征？

家庭农场适度规模经营以土地经营权的有偿流转为前提。土地是家庭农场的基本生产资料，家庭农场经营土地有一定的规模且比较稳定。

家庭农场以家庭为经营单位，家庭成员是家庭农场的主要劳动力，雇工较少甚至不雇工，根据农作物生产周期、天气状况、市场供求等灵活调整生产要素的投入。家庭成员的利益一致，能最小化解决农业生产中的合作、监督和激励问题。家庭主要收入是农业收入。

家庭农场主一般是有文化、懂技术，有一定生产管理和营销能力的新型职业农民。

家庭农场本质上是社会化的生产方式，农场经营所需要的生产资料均由市场提供，农业生产过程中需要的技术支持、生产指导、机械作业等社会化服务也可以由社会化方式提供。

家庭农场的经营方式连续性较强，生产发展适应市场需求，农场规模根据市场形势呈阶段性发展。

专业大户和家庭农场有什么联系和区别？

从共性看，专业大户和家庭农场都具有家庭经营性质，都是农业分工的产物，其主体都是农户家庭，但专业化程度、技术水平、经济实力、融资能力和劳动产出率等都比传统农户强，都是传统农业的发展，具有现代农业特性。从发展过程看，我国的一些家庭农场就是从专业大户转化而来的。从宏观功能上，专业大户和家庭农场都肩负着稳定、增加和丰富我国农产品供给、提高农产品的质量和安全系数的责任。

从区别看，在生产经营方面，专业大户一般在某一环节从事生产和经营，且大部分专业大户经营一种产品，产品特点突出；而家庭农场一般在几个环节进行生产经营，产品种类更多，专业性相对较低。在内部管理方面，家庭农场相比专业大户平均规模更大，雇工数量更多，对生产经营的稳定性、集约化水平和管理经营水平等方面要求更高，内部管理上也更注重经营管理制度建设。在登记注册方面，专业大户是自然人身份，其本质是农户，不需要进行工商注册登记。其农业经营以生产农产品的初级原料为主，品种相对单一，较少进入加工流通领域。而家庭农场需要进行工商注册登记，但是由于对家庭农场的认识没有达成共识，目前对家庭农场的工商注册登记还没有形成统一标准，实际操作中也比较模糊，家庭农场可以注册为农业企业或个体工商户。

发展家庭农场有什么意义？

发展家庭农场有利于充分发挥我国资源优势，是适度规模经营的有效形式。通过土地流转，打破小农户分散经营的局面，提高土地资源、劳动力资源、信息技术的流动性，提高农业规模化、集约化水平，降低农业生产成本，增加农民收入。

发展家庭农场有利于传统农民向新型职业农民转型。家庭农场为有多年经验的农民、农业技术人员、返乡创业者、大中专毕业生提供了适当的平台，使其才能有了用武之地。家庭农场的适度土地规模经营可以使新型农民与土地更好地结合，新型农民在实践中运用现代农业机械和农业技术，不断提高自身素质和经营，二者共同推动农业生产力的发展。

发展家庭农场有利于推动农业生产与外部市场的有效衔接。家庭农场实行商品化生产经营，具备一定的市场竞争力，可以优化资源配置，释放农业发展的潜力。

此外，发展家庭农场有利于带动新产品和新技术的推广，带动农村基础设施的建设和社会化服务体系的建立，促进农耕文化的传承。

◉ 家庭农场模式的优势是什么？

家庭农场拥有一定的专业化经营优势。家庭农场往往是由种田好手发展而来的，从几十亩地，到三五百亩地，土地产出率一般要比农户和企业更高。特别是种植业领域，家庭农场的优势更为明显。从收入角度看，一个经营200～300亩土地的家庭农场，一年的收入比外出打工更多。

家庭农场拥有一定的组织化运营优势。一方面，农民家庭作为利益共同体，家庭成员共同从事农业生产，存在共同的利益需求，更容易形成统一的目标和一致的行为；家庭成员之间共同承担市场风险，拥有农业剩余的最终索取权，劳动投入和劳动报酬形成正向激励，能够调动生产积极性和主动性，解决雇工经营所存在的合作、监督和激励问题，农业生产效率得以提高。另一方面，家庭农场以血缘、感情、婚姻为纽带，具有稳定性和持久性，能够有效解决农业发展过程中的代际传承和新老交替问题，适应农业生产周期较长的特点，确保农业经营主体的稳定性和持续性。

家庭农场拥有一定的经营成本优势。家庭农场具有的内部凝聚力有助于农民顺利进入资金、劳动力和土地等要素市场，增强农民的议价能力，帮助农民摆脱小规模生产而引发的市场困境，提高生产要素的使用效率。此外，家庭农场具有自主决策权，家庭成员合理分工，便于信息共享，有利于农业生产成本降低；家庭农场成员内部存在一定利他主义假设的互惠性质，因此，家庭农场的劳动监督成本几乎为零。

家庭农场拥有一定的政策支持优势。相比于传统农户和专业大户，家庭农场经营更多以企业化、规范化、制度化、市场化的方式进行生产经营。可以享受农业部门配套的财政、税收、信贷、保险等优惠政策。家庭农场在经营过程中也可以通过参与组建农民专业合作社，开展联合与合作，增强自身在市场中的竞争力，并获得政策支持。

◉ 我国家庭农场的发展现状如何？

我国在改革开放之后一直进行农地经营模式的探索，家庭农场就是形式之一。40多年来，家庭农场的发展经历了两次高峰阶段。第一次是1984年中央一号文件颁布后，国营农场内部开始推行职工家庭农场；第二次是 2013 年中央一号文件颁布后，在家庭承包经营土地的基础上，在农业比较发达的长三角地区以及农场经营有一定基础的黑龙江农垦区和新疆农垦区，家庭农场快速发展。

近年来，农业农村部门积极实施家庭农场培育计划，通过强化培训、加强基础设施建设、建立社会保障等举措，引导有长期稳定务农意愿的小农户，根据产业特点和自身发展能力发展成为适度规模经营的家庭农场。截至 2021 年底，全国家庭农场超过 390 万个，经营土地达 6.7 亿亩，平均经营规模 172.1 亩。其中，县级以上示范家庭农场超过 11 万个，形成了一批带动小农户发展的成熟模式和机制。

◉ 我国家庭农场发展中存在哪些问题？

一是对家庭农场的概念认识不够清晰。我国家庭农场还处于发展初期，各界对家庭农场的性质、规模、类型、运行方式等认识不够统一，也有将家庭农场和休闲农业混为一谈的情况，影响了家庭农场的发展。

二是家庭农场经营者的文化层次和技术水平普遍较低。家庭农场作为一种新型农业经营主体，对农场主的受教育程度和经营管理水平比一般农户的要求要高。只有具备一定的专业技术、管理能力和现代观念，才能实现家庭农场的良性发展。部分家庭农场的雇工来源不够稳定，经营模式较为单一。

三是难以获得相对稳定的租地规模。土地流转信息的不对称和农民的惜地意识，使得很多农户不愿意长期出租土地，无法保证家庭农场能够相对稳定且较长时间租到成方、成片的耕地，因此，难以实现足够的土地经营规模。

四是金融服务体系滞后影响家庭农场发展。农户家庭本身资金较为短缺,而农业信贷门槛较高,融资渠道有限,造成一些家庭农场融资困难,扩大经营规模常常遭遇融资难题。

五是家庭农场登记制度和支持政策还不完善。只有逐步完善家庭农场的登记注册制度,通过登记注册明确家庭农场的市场地位,才能有效保护家庭农场的经营行为,家庭农场才能享受财政、税收、保险和农业相关部门的配套优惠政策。

● 发展家庭农场需要什么条件?

具备一定的经营规模。土地能够实现集中种植。一般情况下,从事种植业的,粮食耕种面积应在100亩以上,果园面积30亩以上,设施蔬菜面积20亩以上,茶园面积50亩以上;牛存栏100头以上,猪存栏300头以上,羊存栏200只以上,鸡存栏1万羽以上;从事种养结合或特种种养业的,可适当放宽条件。

以家庭成员为主要劳动力。原则上没有长期雇工,但可以有短期雇工。由于农业生产的周期性、季节性特征,农作物生产的特定阶段需要相对集中的劳动力投入,家庭农场需要临时雇工或季节性雇工。但是,如果家庭农场雇工数量远远超过家庭劳动力,那么它就不属于家庭农场,只能属于农业企业了。

一业为主。只有专业经营,经营者才会精通技术,提高产量和质量,从而提高土地生产力。这正是国家倡导发展家庭农场的重要原因,尤其在耕地面积不断减少、耕地资源日渐珍贵的条件下。如果经营种类过多,势必难以样样精通,必将造成土地资源的浪费。

农场主是农民身份。国家鼓励和支持家庭农场的一个重要目的，就是提高农民收入，尤其是依靠自己勤劳致富的农民，所以，家庭农场的农场主应该是农民，尤其是本土的农民。虽然目前在进行户籍制度改革，农民与非农民界定有困难，但至少目前还是可以界定的：凡是在农村拥有土地承包经营权者就是农民，否则就不是农民。

⦿ 对家庭农场发展有哪些支持政策？

1. 补贴支持

我国各个地区对家庭农场的补贴不尽相同。一般来说，主要有：①农资综合直补，76元/亩。②水稻种植补贴，150元/亩。③土地流转费补贴，100元/亩，面积以80～200亩为标准。④家庭农场生产管理考核补贴，100元/亩，全年分两次考核，根据考核结果确定补贴标准。⑤绿肥种植补贴200元/亩。

申领补贴必须满足一定的条件：①创办种植类的农场，需经营流转期限5年以上，并集中连片的土地面积达30亩以上。②创办畜禽业农场，养殖生猪年出栏1000头以上，肉牛100头以上，肉羊年出栏500只以上，家禽年出栏1万只以上，家兔年出栏2000只以上。③创办水产业农场，需经营流转期限5年以上，且集中连片的养殖水面积达30亩以上，特种水产养殖水面积10亩以上。④创办林业类农场，需山林经营面积500亩以上，苗木花卉种植面积30亩以上，油茶80亩以上，中药材种植30亩以上。⑤烟叶种植类农场，面积达200亩以上。⑥种养结合的综合性农场，应含种植业，畜禽业，水产业，林业，烟叶类型中的2种以上，并且每种类型达到相应规模的二分之一以上。⑦旅游、特色种植、休闲观光为一体的综合性农场,面积 10 亩以上,餐饮住宿设施齐全。

2. 信贷支持政策

中国人民银行 2014 年印发的《关于做好家庭农场等新型农业经营主体金融服务的指导意见》提出,加大信贷支持力度,合理确定贷款额度,适当延长贷款期限,满足农业生产周期实际需求。原则上,从事种植业的专业大户和家庭农场贷款金额最高可以为借款人农业生产经营所需投入资金的 70%,其他专业大户和家庭农场贷款金额最高可以为借款人农业生产经营所需投入资金的 60%。家庭农场单户贷款原则上最高可达 1000 万元。

● 家庭农场的认定标准是什么?申报登记流程包括哪些环节?

家庭农场认定标准包括:①土地流转以双方自愿为原则,并依法签订土地流转合同。②土地经营规模:水田、蔬菜和经济作物经营面积 30 亩以上,其他大田作物经营面积 50 亩以上,认定标准土地经营相对集中连片。③土地流转租赁或承包期 5 年以上(包括 5 年)。④投入规模:投资总额(包括土地流转费、农机具投入等)要达到 50 万元以上。⑤经营者应具备农村户籍,家庭农场主要的劳动力以本家庭为主,无长期雇佣工人。

家庭农场作为自然发育的组织,现实中存在的较大规模经营农户实质就是家庭农场,但并非一定要到市场监管部门进行注册登记。目前,经济发达地区到市场监管部门登记的家庭农场相对较多。从实际情况看,从事农产品附加值比较高以及发展外向型农业的家庭农场,出于经营需要,为提高市场公信力,一般会到市场监管部门登记。此外,注册登记的形式多样,家庭农场不是独立的法人组织形态，在实践中有的登记为个体工商户，有的登记为个人独资企业，还有的登记为有限责任公司。但是，家庭农场不能登记为合作社，可以根据自身需求，参与合作社。

家庭农场申报登记流程包括：到村委会、乡（镇）政府对申报材料进行初审，初审合格后报县农业农村行政管理部门复审；经复审通过的，由县农业农村行政管理部门认定其农场资格，做出批复，并推荐到县市场监督管理部门注册登记（具体申报以当地农业农村部门、市场监督管理部门要求为准）。

● 如何经营管理好家庭农场？

我国对家庭农场有积极的扶持和补贴政策，现阶段投资发展家庭农场是很好的契机，但是要认真准备，加强管理。

首先，要根据所在地区的土壤条件、气候环境、劳动力成本、农业技术水平、配套设施、投资者意愿、政府支持和补贴政策等因素，确定家庭农场的定位和模式。可以选择的模式主要有：①以农粮作物为主的现代规模化种植业家庭农场。②多种内容和形式各有侧重的休闲观光型家庭农场。③以养殖业为主的家庭农场。④以水产业为主的家庭农场。⑤生态农庄。

此外，在投资家庭农场前，要充分考虑可能的风险因素，分析市场形势，根据自身实际情况确定家庭农场的规模，合理管理资金，开拓营销渠道。根据发展计划进行投资估算，控制好基础设施、田间管理、资金周转和人力资源几个方面。要注重家庭农场的发展规划和运筹，规范土地的流转，掌握必要的农业技术，注重获得政府支持，善用相关政策，争取在低息贷款、税收优惠、基础设施建设、市场信息方面获得更多帮助,以缩短投资回收期。

● 什么是农民合作经济组织?农民合作经济组织有哪些类型?

农民专业合作经济组织是农民自愿参加的,以农户经营为基础,以某一产业或产品为纽带,以增加成员收入为目的,实行资金、技术、生产、购销、加工等互助合作的经济组织。依据不同的分类标准,农民合作社可以分为不同的类型,通常根据合作社的股权结构等因素将其分为专业合作社、股份合作社和农民专业协会三类。

我国农民专业合作经济组织主要有三种类型。

(1)农民专业合作社。是在农村家庭承包经营基础上,同类农产品的生产经营者或同类农业生产经营服务的提供者、利用者,自愿联合、民主管理的互助性经济组织。农民专业合作社是农民合作经济组织的典型形式,从事专业生产的农民自愿入社,在家生产,在社服务,民主管理,合作经营,利益共享,风险共担。农民专业合作社可以分为农民主导型、相关组织主导型和企业主导型三类。

(2)农民股份合作社。是在农村家庭承包经营基础上,同一地区或区域的农业生产经营者或生产经营服务的提供者、利用者,按照合作制和股份制原则,自愿入股、民主管理的互助性经济组织。股份合作社实行劳动联合与资本联合相结合、按劳分配和按股分配相结合。其基本特点是:资金和土地入股,量化股权,集约经营,共同发展。资本在股份合作社的生产经营活动和收益分配中占有重要地位。

(3)农民专业协会。是一种专门为农户提供综合性、系列化服务的比较松散的合作形式。从事专项农产品生产、加工、销售的农民按照自愿互利的原则,以产品和技术为纽带,组建农民专业协会这样的社团性合作经济组织，着重为会员提供技术和运销服务，在民政部门登记注册为社团组织。凡是从事专业生产并达到一定规模的农民都可以加入协会，协会对会员提供无偿或低偿服务，会员根据协会的要求进行生产销售。

● **农民专业合作社有什么特征？发展目的是什么？**

农民专业合作社的特征主要表现在。

（1）农民专业合作社以家庭承包经营为基础；依法享有农村土地承包经营权的农民是农民专业合作社的主体；农户自愿组织和加入，但不改变基本的农村家庭联产承包责任制。

（2）农民专业合作社以服务社员为根本。农民专业合作社根据社员需要开展经营活动，是社员的利益共同体；合作社利用集体的力量维护社员利益，提高农户生产经营的市场地位和市场竞争力。

（3）农民专业合作社具有互助性质。农民专业合作社的社员都是在农产品生产、经营和销售领域提供服务的农业生产者，是农业劳动者进行自我服务的经济组织。

（4）农民专业合作社秉承效率优先兼顾公平的宗旨。合作社成员之间通过经济联合优化农业资料和其他资源的优化配置，利用统一生产经营和集体谈判的途径实现社员利益的最大化。同时，合作社社员在合作社内部地位平等，进行民主管理。

农民专业合作社成立的目的，就是通过农户之间的互相合作，实现规模经济效益。农民专业合作社通过提供农产品的加工、储藏、运输、销售和农业生产经营相关的技术、信息等服务，实现合作社成员之间的互助。农民专业合作社以服务社员为宗旨，带动农户进入市场，具有带动散户、组织大户、对接企业、联结市场的功能，应成为引领农民进入市场的主要经营组织。

● 什么是土地股份合作社？如何发展土地股份合作社？

土地股份合作社，是指农户以"农村土地承包经营权"入股而形成的合作社，土地承包经营权成为股权，农民成为股东。土地股份合作社的入社土地由合作社统一耕种，统一管理，农户在获得劳动收益外，还可以享受年底分红。

目前，土地股份合作社主要有三类：一是自主经营型，即农民以承包土地经营权入股合作社，入股土地由合作社统一种植、统一管理、统一核算，年终按股份分红。入股农民可在合作社参加生产，按劳取酬。二是内股外租型，即在不改变土地用途的前提下，合作社采取对外租赁再入股的经营方式，将土地统一发包给专业大户或龙头企业，实现农业规模经营。三是"内股外租+自主经营型"，即合作社将一部分土地转包和租赁给专业大户或龙头企业集中经营，同时留出一部分土地进行自主经营。

发展农村土地股份合作社，不仅有利于促进农业规模经营，还催生了新型职业农民等新生事物的出现。促进农村土地股份合作社规范发展，首先，要重视对合作社治理团队综合素质的培养，提高农户自身素质，为土地经营权股权化提供人才骨干支持；其次，要着眼土地股份合作社对资金的需求，加大金融支持保障的力度，改善农地抵押贷款的可获性，缓解合作社运行中投入不足以及融资难的困境。

◉ 农民专业协会的发展基础是什么？特点有哪些？

农民专业协会是由从事同类产品生产经营的专业农户自愿组织的，在资金、技术、信息、购销、加工、储运等环节自行管理、自我服务、自我发展，旨在实现利益共享、提高竞争能力、增加成员收入的专业性合作组织。农民专业协会的发展建立在家庭承包经营基础之上，适应了农村的改革和发展。

农民专业协会是农村组织制度的创新，其专业性强，大多以专业化生产为基础，以某一类专业产品为龙头组织起来，具有明显的专业特征；农民专业协会以服务为宗旨，能够较好地帮助单户农民解决自身做不了和做不好的事情，能够有针对性地开展服务；农民专业协会在组织管理方面实行自愿结合、入退自由、民主管理，在经营方式上独立自主、灵活多样；农民专业协会与农户实行盈余返还，共担风险，共享利益。

◉ 农民专业协会有哪些类型？

根据在农业生产经营过程中发挥的作用，可以将农民专业协会分为两类。

1. 生产型农民专业协会

生产型农民专业协会主要是在生产过程中为农民提供各种技术服务，帮助农民在生产过程中掌握相关的农用技术，提高农业生产的质量和产出率。生产型农民专业协会主要以农民中的科技能人和科技示范户为核心建立起来，因为具有专项技术和显著的经济效益，这些人在农民中威望较高，能够起到良好的示范效应，加快技术创新的推广速度。生产型农民专业协会具有地域性，有时以研习会、研究会形式出现。协会一般没有固定的组织机构，协会会员之间联系比较松散，缴纳少量会费或者免费入会。协会通过技术扩散和带动作用形成生产专业化和区域化，增加会员的经济效益。

2. 服务型农民专业协会

服务型农民专业协会的组建是因为在买方市场，农民将自己的产品变为商品并不容易，为了生产适销对路的产品，实现产品的增值，服务型专业协会应运而生。服务型农民专业协会一般都是由农民自发成立，经过市场磨合升级而形成的。服务型农民专业协会一般有正式的组织机构，有专门的管理人员和明确的管理制度，会员入会需要缴纳会费。服务型协会向会员提供生产资料、市场信息和营销方面的服务。

● 发展农民专业协会的重点是什么？

1. 丰富农民专业协会服务内容

目前，大多数农民专业协会规模较小，服务内容单一，一般都局限于原材料供给、技术支持、销售等单一服务，服务层次和深度也不够，无法满足农民和市场的内在需求。农民专业协会的发展要关注农产品的深加工和产品增值等方面的信息和技术，增强市场信息的收集、分析、处理和判断能力，争取开展实质性的经营活动。

2. 完善健全农民专业协会的组织管理机制

农民专业协会要制定管理规则和规章制度，设立理事会和监事会，通过健全的机制实现科学管理。通过利益联结紧密联系协会与农户，形成利益共同体，适应市场需要，降低和抵御市场风险。

3. 扩大农民专业协会的规模和影响

根据农民和农民的实际需要成立更多的农民专业协会，通过有规模的协会吸引更多农户入会，增强在种植、养殖、加工、建设、医疗方面的合作和服务，为会员谋取更多利益。

4. 提高农民专业协会的人员素质

农民专业协会需要专业技术人才和管理人才，以更好地开展服务，实现协会的科学管理。技术人才和管理人才能够降低协会的运作成本，更好地收集分析市场信息，进行市场营销和交易谈判，带领协会科学发展。

5. 明确农民专业协会的法律地位

目前，还没有法律界定农业专业协会所属性质，也没有相关部门对其登记注册，限制了农民专业协会的顺利发展。政府部门应完善法律法规，明确农民专业协会的法律主体地位，方便登记注册，明确会员的权利义务和利益分配机制。

● 什么是农业产业化龙头企业？

农业产业化，是指在市场经济条件下，以经济利益为目标，将农产品生产、加工和销售等不同环境的主体联结起来，实行农工商、产供销的一体化、专业化、规模化、商品化经营。农业产业化有利于促进传统农业向现代农业转变，解决一系列农业经营和农村经济深层次问题和矛盾。

农业产业化龙头企业，是指以农产品生产、加工或流通为主，通过订单合同、合作方式等各种利益联结机制与农户相互联系，带动农户进入市场，促进农产品生产、加工、销售有机结合、相互促进，具有开拓市场、促进农民增收、带动相关产业等作用，在规模和经营指标方面达到规定标准并经过政府有关部门认定的企业。

● 农业产业化龙头企业有什么发展优势？

（1）经营理念优势。农业产业化龙头企业用工业发展理念经营农业，加强专业分工和市场意识，可以改变传统农业生产自给自足的落后局面。

（2）规模经营优势。相比于小农户，农业产业化龙头企业能够解决生产规模小、竞争力有限的不足，实现规模化经营，降低经营成本；能够利用企业经营优势进行市场营销，与现代农业大市场有效对接，提升农产品生产者的议价能力。

（3）资金、技术、人才、设备等比较优势。农业产业化龙头企业可以将技术服务、市场信息和销售渠道带给农户，提高农产品精、深加工水平和科技含量，提高农产品附加价值和市场开拓能力。

（4）产业链发展优势。农业产业化龙头企业能够延长农业产业链条，提高产业总体收益，增强适应复杂多变的市场环境、抵御经营风险的能力。

● 农业产业化龙头企业有什么功能和作用？

一是保障国家粮食安全，促进农产品市场稳定。龙头企业引导合作社、家庭农场共建原料基地，稳定市场流通秩序，有力保障农副产品市场供应。据统计，我国县级以上龙头企业提供的粮油类产品占市场供给的1/3多，提供的"菜篮子"产品占市场供给的2/3多。

二是提高农业产业化水平，促进农产品产供销一体化经营。龙头企业通过研发新技术、新装备、新产品，开展科技自主创新和协同创新，提升技术创新水平和农产品深加工能力，提高农业生产的标准化水平，促进农产品质量和产量的提升，提高资源利用效率，解决农产品销售难题，同时，也增强了我国农产品的国际竞争力。龙头企业的规模经营，还可以改造传统农业，促进大产业、大基地和大市场的形成和发展。

三是发挥辐射带动能力，促进农民增收。一方面，龙头企业通过收购农产品直接带动农民增收。企业与农户建立契约关系，成为利益共同体，增加了农民的生产性收入。农户还可以以资金等多种要素的形式入股农业产业化龙头企业，获得企业的分红，更多分享产业增值收益。另一方面，农业产业化龙头企业的发展创造了大量的劳动就业岗位，解决了部分农村劳动力的就业问题。

四是发挥产业链核心作用，推动农业生产社会化服务。从纵向看，龙头企业在产业链中可以承担整合服务作用，为农户提供产前、产中、产后各个环节的社会化服务，如生产技术、金融服务、人才培训、农资服务、品牌宣传等，促进小农户与现代农业有效衔接，提高小农户生产的经济效益，促进农业可持续发展。在产业链上，向上游建设原料基地，指导农户生产，向下游发展农产品加工与流通，延长产业链条。从横向看，龙头企业是培育家庭农场、农民合作社的孵化器，将现代经营理念和先进技术传授给农民，为合作社提供质量体系建设、技术指导、市场开拓和资金支撑；在利益链上，通过订单收购、利润返还、股份分红等形式，让各参与主体共享收益。

五是发挥社会责任意识，改善农村基础设施。农业产业化龙头企业是农村的有机组成部分，具有一定的社会责任。龙头企业通过参与农村规划，配合农村建设，发展基础设施，有利于乡村建设；龙头企业在形成完善的公司化管理后，还可以将农民纳入社会保障体系，维护农村社会的稳定发展。

● 农业产业化龙头企业与农户的利益联结方式有哪些？

农业产业化龙头企业与农户结成利益共同体有以下几种方式。

（1）农户以土地使用权入股农业产业化龙头企业。农户入股后得到一定的股份分红收益，农民同时可以从事其他劳动或者成为进城务工人员，获取相应的劳动报酬，以此增加农民收入，龙头企业也从中获利。

（2）农民直接以资金形式入股农业产业化龙头企业。农民以自有资金入股企业，获得企业股权，享受相应收益。

（3）农户以农业机械设备入股农业产业化龙头企业。小农户的农业机械设备会因为自己种植面积过小而难以发挥优势，设备利用率无法保障，但是，机械设备适合大面积的农业耕种，入股企业后可以避免机械设备的资源浪费，农民也可因为入股增加收入。

（4）农民以农业工人的身份入股农业产业化龙头企业。农民和龙头企业通过签订相关协议、合同，农民变为龙头企业员工，企业为员工发放工资。农民可以获得工资性收入和土地使用权收益，企业可以因为规模效应获得更多利润，农民和企业实现双赢。

（5）农民以科技知识形式入股农业产业化龙头企业。具有特殊农业种植、养殖知识和技能的农民可以以知识产权的形式入股龙头企业，企业吸收农民的相关先进技术和知识。

（6）农业产业化龙头企业与以农户为主的其他新型农业经营主

体签署合作协议，采取如"龙头企业＋农户""龙头企业＋基地＋农户""龙头企业＋合作社＋农户"等合作模式，农户的农业生产和经营销售按照签订的协议执行。

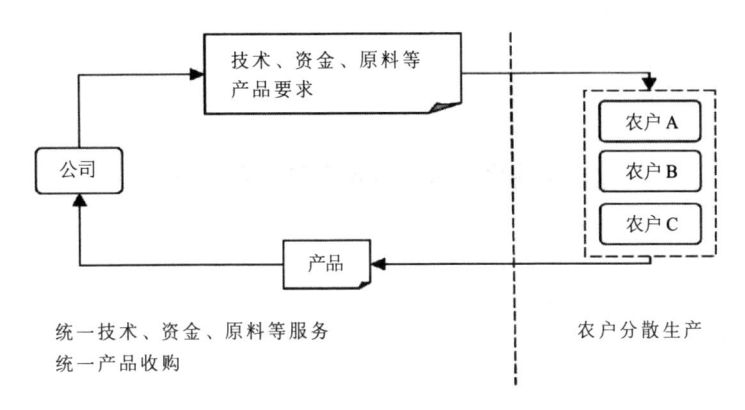

```
         ┌─────────────────┐                    ┌─────────┐
         │ 技术、资金、原料等 │─────────────────→ │ 农户 A  │
         │ 产品要求         │                    ├─────────┤
         └─────────────────┘                    │ 农户 B  │
                 ↑                              ├─────────┤
         ┌──────┐                               │ 农户 C  │
         │ 公司 │                               └─────────┘
         └──────┘
                 ↑         ┌──────┐
                 └─────────│ 产品 │
                           └──────┘

   统一技术、资金、原料等服务              农户分散生产
   统一产品收购
```

图 3-1 "公司＋农户"合作生产

● **我国农业产业化龙头企业是如何分类的？发展成效如何？**

通常，我国农业产业化龙头企业有以下三种分类方法：一是按照认定级别分类，分国家重点龙头企业、省级重点龙头企业、市级重点龙头企业、县级重点龙头企业四个级别；二是按照企业规模分类，可分为大型龙头企业（年涉农营业收入在 2 亿元及以上）、中小型龙头企业（2 亿元以下）；三是按照产业类型分类，可分为加工业、种植业、养殖业、农业生产资料制造及销售业、零售业、运输业、休闲农业与乡村旅游业等多类龙头企业。

近十年来，我国农业产业化龙头企业规模实力不断增长。统计数据显示，截至 2020 年底，我国共有县级以上龙头企业 9 万多家，当年实现总营业收入超过 9 万亿元，实现净利润近 5700 亿元；带动农户（含家庭农场和合作社农户）1.58亿户，带动就业近1200万人，平均每个企业带动就业143人；服务土地总面积达6.5亿亩次，服务农户1.05亿户；建设省级及以上研发机构9052个，科技研发总投入1170多亿元，平均214万元；共有技术人员81.1万人，累计获得专利25.6万个。

● 农业产业化龙头企业发展中存在的问题有哪些？

（1）龙头企业地域间分布不平衡，地域性明显。按照数量统计，近59%的龙头企业分布在山东、安徽、湖南、四川、江西、河南、江苏、河北、湖北、广东等10个省份，其中，营收超过1亿元的龙头企业主要分布在山东、安徽、江苏、湖北和河南等6地。

（2）龙头企业与农户的利益联结机制不够完善。部分龙头企业通过合同农业、订单农业等与农户建立了利益联结机制，但企业和农户都过于追求自身利益最大化，契约意识不足。当市场价格高于契约价格时，农户不愿意将农产品卖给龙头企业；当市场价格低于契约价格时，龙头企业不愿意大量收购农产品，造成双方较高的违约率。还有一些龙头企业与农户只是市场买卖关系，没有稳定的供需关系，要么龙头企业不愿意收购农产品导致农户农产品难卖，要么农户惜售导致龙头企业的原材料得不到保障，难以形成紧密利益联结机制。部分企业经营大面积土地，但带动农村劳动力就业不足。

（3）现有社会化服务体系无法全面满足龙头企业的需求。我国的土地流转市场、农业科技市场等服务市场体系不够健全，完成交易需要花费大力气。土地流转市场的不健全，使得龙头企业建立生产基地时通常与政府直接谈判，未能广泛征求农户意见，导致很多矛盾和冲突。在金融服务方面，商业银行对龙头企业的贷款需求要求严苛，不利于企业，特别是生产季节性较强的龙头企业无法获得充足资金，导致发展受阻。

（4）对龙头企业的政策有待集成和完善。各地虽然出台了很多扶持龙头企业的优惠政策，但大多停留在资金层面，给予人才、科技等方面的支持较少。部分地方政府对龙头企业监管不足，导致一些企业未将流转来的土地投入农业生产，而是用于发展园艺、旅游业等，存在非农化、非粮化的现象。

● 国家对农业产业化龙头企业发展的支持方向是什么？有哪些支持政策？

从支持方向上，主要是针对以下方面。

（1）支持符合条件的龙头企业开展中低产田改造、高标准基本农田、土地整治、粮食生产基地、标准化规模养殖基地等项目建设，切实改善生产设施条件。国家用于农业农村的生态环境等建设项目，对符合条件的龙头企业原料生产基地予以适当支持。

（2）支持龙头企业带动农户发展设施农业和规模养殖，开展多种形式的适度规模经营。支持专业示范村镇建设，为龙头企业提供优质、专用原料。支持符合条件的龙头企业申请"菜篮子"产品生产扶持资金。龙头企业直接用于或者服务于农业生产的设施用地，按农用地管理。鼓励龙头企业使用先进适用的农机具，提升农业机械化水平。

（3）鼓励龙头企业开展粮棉油糖示范基地、园艺作物标准园、畜禽养殖标准化示范场、水产健康养殖示范场等标准化生产基地建设。支持龙头企业开展质量管理体系和无公害农产品、绿色食品、有机农产品认证。鼓励龙头企业参与农产品标准制定，推动行业健康有序发展。

（4）鼓励龙头企业引进先进适用的生产加工设备，改造升级储藏、保鲜、烘干、清选分级、包装等设施装备。对龙头企业符合条件的固定资产，缩短折旧年限或者采取加速折旧的方法折旧。对龙头企业从事国家鼓励发展的农产品加工项目且进口具有国际先进水平的自用设备，在现行规定范围内免征进口关税。对龙头企业购置符合条件的环境保护、节能节水等专用设备，依法享受相关税收优惠政策。对龙头企业带动农户与农民专业合作社进行产地农产品初加工的设施建设和设备购置给予扶持。

（5）鼓励龙头企业合理发展农产品精深加工，延长产业链条，提高产品附加值。认真落实国家有关农产品初加工企业所得税优惠政策。保障龙头企业开展农产品加工的合理用地需求。

（6）支持龙头企业以农林剩余物为原料的综合利用和开展农林废弃物资源化利用、节能、节水等项目建设，积极发展循环经济。研发和应用餐厨废弃物安全资源化利用技术。加大畜禽粪便集中资源化力度，发挥龙头企业在构建循环经济产业链中的作用。

（7）支持大型农产品批发市场改造升级，鼓励和引导龙头企业参与农产品交易公共信息平台、现代物流中心建设，支持龙头企业建立健全农产品营销网络，促进高效、畅通、安全的现代流通体系建设。大力发展农超对接，积极开展直营、直供。支持龙头企业参加各种形式的展示、展销活动，促进产销有效对接。规范和降低超市和集贸市场收费，落实鲜活农产品运输"绿色通道"政策，结合实际完善适用品种范围，降低农产品物流成本。铁路、交通运输部门要优先安排龙头企业大宗农产品和种子等农业生产资料运输。

（8）鼓励龙头企业大力发展连锁店、直营店、配送中心和电子商务，研发和应用农产品物联网，推广流通标准化，提高流通效率。支持龙头企业改善农产品储藏、加工、运输和配送等冷链设施与设备。支持符合条件的国家和省级重点龙头企业承担重要农产品收储业务。探索发展生猪等大宗农产品期货市场。鼓励龙头企业利用农产品期货市场开展套期保值，进行风险管理。

（9）鼓励和引导龙头企业创建知名品牌，提高企业竞争力。支持龙头企业申报和推介驰名商标、名牌产品、原产地标记、农产品地理标志，并给予适当奖励。支持龙头企业将标准化、品牌化贯穿于企业生产、加工、流通全过程，建立健全质量标准体系，提升品牌效益。

（10）支持龙头企业通过兼并、重组、收购、控股等方式，组建大型企业集团。支持符合条件的国家重点龙头企业上市融资、发行债券，增强发展实力。

（11）引导龙头企业向优势产区集中，推动企业集群、集聚，培育壮大区域主导产业，增强区域经济发展实力。支持农业产业化示范基地开展物流信息、质量检验检测等公共服务平台建设。引导龙头企业积极参与农业产业融合发展项目，建设优势特色产业集群、国家现代农业产业园、农业产业强镇。

（12）鼓励龙头企业加大科技投入，建立研发机构，加强与科研院所和大专院校合作。通过国家科技计划和专项等支持龙头企业开展农产品加工关键和共性技术研发。鼓励龙头企业开展新品种、新技术、新工艺研发，落实自主创新的各项税收优惠政策。鼓励龙头企业引进国外先进技术和设备，消化吸收关键技术和核心工艺，开展集成创新。发挥龙头企业在现代农业产业技术体系、国家农产品加工技术研发体系中的主体作用，承担相应创新和推广项目。

（13）支持龙头企业围绕产前、产中、产后各环节，为基地农户积极开展农资供应、农机作业、技术指导、疫病防治、市场信息、产品营销等各类服务。引导龙头企业为农民开展技术指导、技术培训等服务。各类农业技术推广项目要将龙头企业作为重要的实施主体，积极为龙头企业开展技术服务。

（14）鼓励龙头企业采取多种形式培养业务骨干，积极引进高层次人才，并享受当地政府人才引进待遇。鼓励和引导高校毕业生到龙头企业就业，对符合基层就业条件的，按规定享受学费补偿和国家助学贷款、代偿等政策。

（15）鼓励龙头企业采取承贷承还、信贷担保等方式，缓解生产基地农户资金困难。鼓励龙头企业资助订单农户参加农业保险。支持龙头企业与农户建立风险保障机制，对龙头企业提取的风险保障金在实际发生支出时，依法在计算企业所得税前扣除。

（16）引导龙头企业创办或领办各类专业合作组织，支持农民专业合作社和农户入股龙头企业，支持农民专业合作社兴办龙头企业，实现龙头企业与农民专业合作社深度融合。鼓励龙头企业采取股份分红、利润返还等形式，将加工、销售环节的部分收益让利给农户，共享农业产业化发展成果。近年来，国家进一步鼓励成立龙头企业牵头、农民合作社和家庭农场跟进、广大小农户参与的农业产业化联合体，促进龙头企业与其他市场主体抱团发展。

（17）引导龙头企业充分利用国际、国内两个市场、两种资源，拓宽发展空间。对龙头企业境外投资项目所需的国内生产物资和设备，提供通关便利。支持龙头企业申请商标国际注册，培育出口产品品牌。

从支持政策上，主要包括：

（1）财政专项资金支持。中小企业发展专项资金将中小型龙头企业纳入重点支持范围，国家农业综合开发产业化经营项目向龙头企业倾斜。

（2）税收支持。符合条件的重点龙头企业，暂免征收企业所得税。①经过全国农业产业化联席会议审查认定为重点龙头企业。②生产经营期间符合《农业产业化国家重点龙头企业认定和运行监测管理办法》的规定。③从事种植业、养殖业和农林产品初加工，并与其他业务分别核算。④重点龙头企业所属的控股子公司，其直接控股比例超过50%（不含）的，且控股子公司符合上述规定的。

（3）金融支持。农业发展银行等政策性金融机构在各自业务范围内采取授信等多种形式，加大对龙头企业固定资产投资、农产品收购的支持力度。农业银行等商业性金融机构可根据龙头企业生产经营的特点，合理确定贷款期限、利率和偿还方式，扩大有效担保物范围，积极创新金融产品和服务方式，有效满足龙头企业的资金需求。融资性担保机构积极为龙头企业提供担保服务，缓解龙头企业融资难问题；中小企业信用担保资金将中小型龙头企业纳入重点支持范围。

如何申报农业产业化龙头企业？

国家在支持农业产业化龙头企业发展的同时，也采取措施规范其发展，对龙头企业进行申报、认定、监测、淘汰和递补工作，就是其中的主要环节。根据《农业产业化国家重点龙头企业认定和运行监测管理办法》的规定，申报企业应符合以下基本标准：

（1）企业组织形式。依法设立的以农产品生产、加工或流通为主业，具有独立法人资格的企业。包括依照公司法设立的公司，其他形式的国有、集体、私营企业以及中外合资经营、中外合作经营、外商独资企业，直接在市场监督管理部门注册登记的农产品专业批发市场等。

（2）企业经营的产品。企业中农产品生产、加工、流通的销售收入（交易额）占总销售收入（总交易额）的70%以上。

（3）生产、加工、流通企业规模。总资产规模：东部地区1.5亿元以上，中部地区1亿元以上，西部地区5000万元以上。固定资产规模：东部地区5000万元以上，中部地区3000万元以上，西部地区2000万元以上。年销售收入：东部地区2亿元以上，中部地区1.3亿元以上，西部地区6000万元以上。

（4）农产品专业批发市场年交易规模：东部地区15亿元以上，中部地区10亿元以上，西部地区8亿元以上。

（5）企业效益。企业的总资产报酬率应高于现行一年期银行贷款基准利率；企业应不欠工资、不欠社会保险金、不欠折旧，无涉税违法行为，产销率达93%以上。

（6）企业负债与信用。企业资产负债率一般应低于60%；有银行贷款的企业，近2年内不得有不良信用记录。

（7）企业带动能力。鼓励龙头企业通过农民专业合作社、专业大户直接带动农户。通过建立合同、合作、股份合作等利益联结方式，带动农户的数量一般应达到：东部地区 4000 户以上，中部地区 3500 户以上，西部地区 1500 户以上。

企业从事农产品生产、加工、流通过程中，通过合同、合作和股份合作方式，从农民、合作社或自建基地直接采购的原料或购进的货物占所需原料量或所销售货物量的 70% 以上。

（8）企业产品竞争力。在同行业中企业的产品质量、产品科技含量、新产品开发能力处于领先水平，企业有注册商标和品牌。产品符合国家产业政策、环保政策，并获得相关质量管理标准体系认证，近 2 年内没有发生产品质量安全事件。

（9）申报企业原则上应是农业产业化省级重点龙头企业。

符合以上第 1、2、3、5、6、7、8、9 款要求的生产、加工、流通企业可以申报作为农业产业化国家重点龙头企业；符合以上第 1、2、4、5、6、8、9 款要求的农产品专业批发市场可以申报作为农业产业化国家重点龙头企业。

企业申报时，要提供以下材料：

（1）企业的资产和效益情况须经有资质的会计师事务所审定。

（2）企业的资信情况须由其开户银行提供证明。

（3）企业的带动能力和利益联结关系情况须由县以上农经部门提供说明。应将企业带动农户情况进行公示，接受社会监督。

（4）企业的纳税情况须由企业所在地税务部门出具企业近 3 年农村内纳税情况证明。

（5）企业质量安全情况须由所在地农业农村部门提供书面证明。

申报程序：

（1）申报企业直接向企业所在地的省（自治区、直辖市）农业产业化工作主管部门提出申请。

（2）各省（自治区、直辖市）农业产业化工作主管部门对企业所报材料的真实性进行审核。

（3）各省（自治区、直辖市）农业产业化工作主管部门应充分征求农业农村、发改、财政、商务、人民银行、税务、证券监管、供销合作社等部门及有关商业银行对申报企业的意见，形成会议纪要，并经省（自治区、直辖市）人民政府同意，按规定正式行文向农业农村部农业产业化办公室推荐，并附审核意见和相关材料。

● 农业产业化龙头企业如何认定？

由农业经济、农产品加工、种植养殖、企业管理、财务审计、有关行业协会、研究单位等方面的专家组成国家重点龙头企业认定、监测工作专家库。

在国家重点龙头企业认定监测期间，从专家库中随机抽取一定比例的专家，组建专家组，负责对各地推荐的企业进行评审，对已认定的国家重点龙头企业进行监测评估。专家库成员名单、国家重点龙头企业认定和运行监测工作方案，由农业农村部农业产业化办公室向全国农业产业化联席会议成员单位提出。

国家重点龙头企业认定程序和办法：

（1）专家组根据各省（自治区、直辖市）农业产业化工作主管部门上报的企业有关材料，按照国家重点龙头企业认定办法进行评审，提出评审意见。

（2）农业农村部农业产业化办公室汇总专家组评审意见，报全国农业产业化联席会议审定。

（3）全国农业产业化联席会议审定并经公示无异议的企业，认定为国家重点龙头企业，由八部门联合发文公布名单，并颁发证书。

● 农业产业化龙头企业应如何选择发展战略？

（1）注重品牌化战略。传统的价格竞争已经演变为以品牌竞争为核心的全面竞争。龙头企业要注重通过品牌化战略，提高产品的市场竞争优势，扩大市场份额，提高盈利水平。要改变传统的农产品生产观念，注重品牌文化的建设，重视维护品牌信用。近年来，内蒙古蒙牛乳业、山东鲁花集团、福建圣农集团等大型龙头企业均加大力度，开展品牌打造和宣传，为企业带来了活力，取得了良好的效果。

（2）注重科技创新战略。通过科技创新带动企业产品研发，是企业发展壮大的必要条件，是决定企业竞争力的关键。龙头企业应以先进科技为基础，融合产品创新和工艺创新，提高产品品质和科技含量。在科技创新的过程中，要以市场需求为导向，形成多层次的科技投入结构。

（3）注重信息化战略。龙头企业的信息化建设目前还存在短板，应提高对农业信息化的认识，以最需要实现信息化的环节作为突破口，充分利用企业外部的信息网络，统计和分析农产品交易数据和价格趋势，根据信息资源制订自身发展计划，提高对市场变化的应对能力。

（4）注重合作战略。龙头企业要在产品研发、质量控制、技术创新、市场开拓等方面与其他新型农业经营主体开展合作，打造双赢的局面。一方面，龙头企业可以与国内外大的电商平台形成战略合作，借此拓展企业规模，适应国内外市场；另一方面，可以和农业行业协会结成伙伴，获得整个行业的相关信息，还可以与权威科研机构开展合作，借助科研机构的研发成果，实现高质量、个性化生产。

（5）注重"走出去"战略。龙头企业不能只局限于国内市场，而要拓展国际市场，提高企业的国际竞争力。要调整产业结构，创新企业机制体制，建立激励和约束机制，开拓多元化市场，形成内外循环相融合的运转机制。

（6）注重可持续发展战略。龙头企业要立足"三农"，关注农村社会的可持续发展目标，在提高利润水平的同时合理配置资源，实现可持续发展。

国家对新型农业经营主体的财政支持政策有哪些？

为加快培育新型农业经营主体，中央财政把新型农业经营主体作为财政支农的重点对象，加大资金支持和补贴力度。农民专业合作社法明确规定，中央和地方财政应当分别安排资金，支持农民专业合作社开展信息、培训、农产品标准与认证、农业生产基础设施建设、市场营销和推广等服务。财政扶持途径主要分两类：一是专项支持，即通过农业生产发展资金，支持新型农业经营主体技术应用、生产经营能力建设、生产社会化服务、高素质农民培育，依托县级及以上示范家庭农场和农民专业合作社，推进农产品产地冷藏保鲜设施建设。二是财政补贴。2016年，财政部会同农业部等部门印发《关于全面推开农业"三项补贴"改革工作的通知》，在全国范围内开展农作物良种补贴、种粮农民直接补贴和农资综合补贴等

"三项补贴"改革，用于粮食适度规模经营的补贴资金支持对象重点向种粮大户、家庭农场、农民专业合作社和农业社会化服务组织等新型农业经营主体倾斜。鼓励各地创新支持方式，采取贷款贴息、重大技术推广与服务补助等方式，对新型农业经营主体进行贷款贴息，额度最高可达贷款利息的 50%。

● 国家对新型农业经营主体的金融支持政策有哪些？

2016 年以来，中国人民银行、中央农办、农业农村部、财政部、银保监会、证监会多次就金融支持新型农业经营主体发展印发文件，提出通过加强新型农业经营主体信息共享、增强金融承载力、推动发展信用贷款、拓宽抵押质押物范围、健全金融服务组织体系等措施，为新型农业经营主体提供良好金融服务。在信用评定方面，要求银行业金融机构将有需求的各类新型农业经营主体纳入授信评定范围，建立和完善符合各主体特点的信用评价体系。在信贷支持方面，人民银行对农村金融机构执行较低的存款准备金率，引导金融机构将信贷资源向新型农业经营主体倾斜。各农村金融机构按类别、按行业细分贷款需求，针对不同主体合理掌握要素条件，设计信贷产品和服务方式，加大贷款投放。在信贷担保服务方面，成立国家农业信贷担保联盟有限责任公司，作为政策性担保机构，并形成上下联动、紧密可控的农业信贷担保网络体系。农业农村部还组织开展了新型农业经营主体信贷直通车活动，通过"主体直报需求、农担公司提供担保、银行信贷支持"模式，针对 10 万～300 万元信贷需求，引入国有六大商业银行等提供低利率信贷产品和服务。在融资服务方面，支持符合条件的涉农企业发行上市、挂牌和融资、并购重组、发行债券。

● 国家对新型农业经营主体的税收支持政策有哪些？

2008年，财政部、国家税务总局印发《关于农民专业合作社有关税收政策的通知》，给予农民专业合作社增值税、印花税优惠政策，降低合作社运行成本；2019年，国家税务总局发布支持脱贫攻坚税收优惠政策指引，对"公司＋农户"经营模式销售畜禽免征增值税，从事农林牧渔业生产减免企业所得税，购进农民专业合作社销售的免税农产品可以抵扣进项税额。2022年9月，国家税务总局从主持农村基础设施建设、推动乡村特色产业发展、激发乡村创业就业活力、推动普惠金融发展、促进区域协调发展、鼓励社会力量加大乡村振兴捐赠等六个方面，梳理形成了109项针对乡村振兴的税费优惠政策指引内容。符合条件的新型农业经营主体可享受国家规定的相应税收优惠政策。

● 建设农业经营主体信用体系的目的是什么？进展如何？

农业经营主体信用体系建设，完善农村信用评价机制建设，是农村信用管理的一个重要组成部分，主要目的有两个：一是在信用评价基础上对经营主体进行联合授信，有条件的地方进行贷款贴息；二是通过声誉管理机制，强化农产品质量安全管理责任。

国家金融主管部门和农业农村主管部门不断完善相关政策，建立经营主体信用档案，稳妥扩大农村普惠金融改革试点，鼓励地方政府开展县域农户和经营主体信用等级评价；支持市、县构建域内共享的涉农信用信息数据库，建成比较完善的新型农业经营主体信用体系。

国家农业主管部门2014年和2017年分别印发了指导意见和通知，对农产品生产经营主体信用档案建设进行部署，与国家发改委等 29 个部委联合签署了农资领域联合惩戒合作备忘录，累计向全国信用信息共享平台推送行政许可和行政处罚等信用信息近 30 万条，将相关部门提供的失信名单嵌入农业行政审批综合办公和农业财政项目管理等工作系统，强化农业安全信用信息共享，通过联合惩戒等方式推动农产品生产和社会化服务主体更加诚信自律。

◉ 国家对农业信贷担保实行什么政策？成效如何？

我国建立的全国农业信贷担保体系，主要由国家农业信贷担保联盟有限公司、省级农业信贷担保机构和市、县（区）农业信贷担保机构组成。在上、下关系上，省级和市、县级农业信贷担保机构可直接开展担保业务，国家农业信贷担保联盟则主要为省级农业信贷担保机构提供再担保服务。在运作方式上，全国各级农业信贷担保机构实行市场化运作，财政资金主要通过资本金注入、担保金补助、业务奖补等形式予以支持。在业务范围上，农业信贷担保体系聚焦服务农业适度规模经营、专注服务新型农业经营主体，不得开展任何非农担保业务。同时，对省级农担公司实行"双控"标准：服务范围限定为农业生产及相关产业融合项目，服务对象聚焦农业适度规模经营主体，单户在保余额控制在 10 万～300 万元之间（生猪养殖不超过 1000 万元），符合"双控"标准的政策性业务在保余额不得低于总担保余额的 70%。

截至 2021 年底，全国农担体系在保项目 104 万个，在保余额 3215 亿元，资本金放大倍数达到 4.9 倍，为解决新型农业经营主体融资难、融资贵问题作出了贡献。

第四编 健全农业社会化服务体系

● 什么是农业社会化服务体系？其本质是什么？

农业社会化服务是指各类市场化服务主体围绕农业生产全链条，根据产前、产中、产后各环节需要，提供各类公益性或经营性服务的活动。具体包括农资供应、技术集成、市场信息、农机作业及维修、疫病防控、农业废弃物资源化利用、农产品营销、仓储物流和初加工等服务。

农业社会化服务体系，是由农业社会化服务主体、服务内容和服务方式三个维度共同组成的有机体系，是为农业生产提供社会化服务的组织机构和方法制度的总称。

从本质上看，农业社会化服务体系就是农业的分工体系和市场体系。随着农业生产力的发展和农业商品化程度的不断提高，传统上由农民直接承担的农业生产环节逐渐从农业生产中分离出来，发展成为独立的、新兴的涉农经济部门。这些部门通过服务与农业生产部门相互联结，形成有机发展体系。

农业社会化服务是农业生产发展到一定阶段的产物。形成完备的农业社会化服务体系，是传统农业向现代农业转变的重要特征，表明我国农业进入了新的发展阶段。

● 农业社会化服务体系发展的背景是什么？

一方面，改革开放以后，我国开始实行家庭联产承包责任制，解放了农村生产力，提高了农民生产积极性，粮食产量大幅增加，农民生活水平也逐步提高。但是，粗放的农业自主经营方式与规模化、集约化经营的经济规律背道而驰，分散经营与社会化大生产的矛盾日渐突出。总体上看，小农户经营方式不适合农业生产力的发展，不利于提高农业生产效率，不利于农民增收，农村经济发展受到制约，规模经营势在必行，对相应的社会化服务体系提出了需求。农业要走产业化之路，小农户要与市场进行对接，必须建立完善的农业社会化服务体系。

另一方面，随着经济的发展，特别是城市经济的快速发展，大量的农村劳动力被城市所吸引，纷纷进城工作，造成了农村劳动力的不足，农村劳动力年龄渐增，"谁来种地"成了一个社会关注的问题。只有通过农业社会化服务体系建设，解放农村劳动力，提高生产效率，才能解决农村面临的困境。

在此背景下，随着农业生产力的提升，社会分工的深化，农业市场化程度的提高，农业生产中的部分环节和劳动分离出来，形成新的组织和部门，这些组织和部门逐渐形成服务网络，支持农业生产的发展，农业社会化服务体系由此应运而生。

◉ 农业社会化服务体系有什么特征？

农业社会化服务体系具有以下特征。

（1）服务性质社会化。农业生产者都具有自身短板，有一些自己无法完成或者成本太高的生产内容。因此，农业生产不仅要依靠农业生产者本身，也需要借助专业的农业产业经营者或者组织、部门进行服务。农业社会化服务体系提供的服务不同于自然经济条件下农民的自我服务，是以商品交换为基础的，具有社会化性质。

（2）服务内容系统化。现代农业生产已经被划分为很多细小的运行环节，单个个体或者部门无法承担整个服务体系的运转，只有建立起协调体系内各个主体的运行机制，在农业生产产前、产中和产后将服务商与农户有机结合，系统、全面地覆盖农业生产经营的全过程，才能服务农业生产的整个产业链，实现对农业的一条龙服务。

（3）服务主体多元化。农业社会化服务体系由各种社会经济组织构成，服务主体包括村集体经济组织、涉农事业单位、农业院校、科研院所、金融部门、外贸部门、合作经济组织、龙头企业等，服务主体多元化。

◉ 农业社会化服务体系的功能有哪些？

农业社会化服务体系的主要功能包括：

（1）通过规模化经营，弥补传统农户经营单一、规模较小的不足，帮助农民解决一家一户办不好的事情，促进农村土地有效利用，降低农业生产经营成本，提高资源利用效率，促进农业发展。

（2）通过专业化运营，将先进技术、农业信息传递给农民，在产前、产中和产后环节为农业生产提供各方面的专业化服务，帮助其解决农业生产中的技术和信息难题。

（3）通过市场化运作，使经营规模相对较小的农业生产单位适应市场经济体制的要求，实现小农户与现代农业市场的有机衔接，有效增加农业收益和农民收入。

（4）通过集约化发展，解决农村劳动力、资本、技术等各类生产要素短缺的问题。根据市场需求，在生产、流通、消费环节对土地、资本、劳动力等各种生产要素进行优化配置，改善农业生产经营的条件，保证农业生产的优质、稳定发展，保证效益的提高。

发展农业社会化服务体系的意义是什么？

农业社会化服务体系是国家服务体系不可或缺的一部分。农业社会化服务体系服务的对象是农业和农民。农业在社会经济体系中比较利益最低，农民在社会经营团体中处于弱势，因此，需要农业社会化服务在农业生产中发挥积极作用。国家的服务体系只有包括农业社会化服务体系才算完整，国民经济才能稳定发展。

农业社会化服务体系是实现农业现代化的必由之路。传统农业生产模式下，所有内容和环节都由农民自己完成，技术水平、生产质量和效率都不高。现代农业的发展需要物质装备、现代科学技术，这些都需要农业社会化服务体系提供支撑。农业社会化服务体系能为农业生产经营提供先进的技术服务、信息服务和金融服务等综合性服务，也提供农业基础设施建设、生产资料供应和农产品加工销售等专项服务，通过这些配套服务，才能推动实现农业现代化。

农业社会化服务体系有利于巩固统分结合的双层经营体制。统分结合的双层经营体制适应我国农业生产力的发展，适合农民自己经营的项目由农民自己完成，单个农户干不好的由集体完成。"分"的部分使得农民获得生产经营的自主权，解放了生产力，大型机械的运作、新技术推广、农产品加工销售等"统"的部分由农业社会化服务体系完成，将分散农户无力承担的生产环节分离出来，交由政府部门、科研机构、村集体、农民专业合作组织等来承担，实现要素的合理配置，提高农业生产经营的组织化程度，真正实现统分结合，维护双层经营体制的稳定和繁荣。

农业社会化服务体系有利于推进农业产业化，提高农业生产效益。通过建立农业社会化服务体系，可以有效地把各种现代生产要素与小农户经营相结合，为小农户生产经营带来资金、科技、信息、市场等资源，提高生产的物质技术装备水平；可以在家庭经营的基础上发展规模经营、集约经营，推进农业生产的专业化、规模化；有利于完善农产品市场体系，促进农业商品化和市场化。农业社会化服务体系还在很大程度上缓解了农业生产风险大、成本高、利润小、经济效益低的矛盾，提高了农业生产效益，调动了农民的生产积极性。

农业社会化服务体系有利于统筹城乡发展，促进城乡经济的繁荣。我国农村的生产力水平仍然较低，农民收入有限，购买力较低，城市和农村之间的商品流通渠道狭窄，城市和农村经济发展都受到一定影响。农业社会化服务体系能够改善农村市场环境，提高农产品营销能力，使城乡之间的商品流通渠道更加通畅，农村富余劳动力的就业机会因此增加，农民扩大再生产能力增强，农村经济更加繁荣，城乡差距逐渐缩小，国家整体经济实力进一步提升。

● **我国农业社会化服务体系经历了怎样的建设发展过程？**

我国农业社会化服务体系的发展始于 20 世纪 90 年代。在发展市场经济的带动下，对服务业重要性的认识不断加深，开始将服务业引入农业，形成新的发展模式，即社会化农业服务业。而要促进农业服务业的发展，就要建立与之匹配的农业社会化服务体系，从体制、机制方面与农业生产相结合。从 20 世纪 90 年代至今，我国农业社会化服务体系的发展大致分为四个阶段。

1. 20 世纪 90 年代初至 90 年代中期，农业社会化服务体系的理论探索阶段

这个时期，现代农业和农业社会化服务体系建设还属于新兴事物。农业社会化服务体系建设大多处于理论研究初期,学者开始关注农业社会化服务体系的重要性,探索相应的服务结构、发展类型和支持系统。这时的认识是农业社会化服务体系,包括开放型服务、封闭型服务、综合型服务三种类型,以及从商业、金融、管理、科技、加工、保障等各方面共同发展。

2. 20世纪90年代中期至90年代末,农业社会化服务体系的服务模式探索阶段

通过探索,我国农业社会化服务体系的服务主体定为包括政府、村集体、农户个体和专业合作组织;服务层次定为县、乡、村;服务领域定为农业生产、市场信息、技术指导、农业保险、融资部署等方面;服务模式主要有"龙头企业+农户""企业+基地+农户""工厂+基地""科研单位+基地+农户"等。

3. 21世纪初至2017年,农业社会化服务体系的建立健全完善阶段

进入21世纪后,对农业社会化服务的认识持续提升,相关政策陆续出台。2007年2月,国务院常务会议提出,积极发展农村服务业,加快构建和完善包括生产、销售、科技、信息、金融和生活服务的农村社会化服务体系。党的十七届三中全会通过的《中共中央关于推进农村改革发展若干重大问题的决定》指出,要加速现代农业社会化服务体系建设。充分利用各个市场主体,组织服务机构,丰富服务内容,建立全面、方便、快捷、稳定、高效的社会化服务体系。2010年的中央一号文件强调,着力形成多元化、多层次、多形式的经营服务体系,大力发展农民专业合作社,促进农户走向联合与合作,进而提高农业生产经营的组织化程度。2012年的中央一号文件进一步将发展农业社会化服务提到战略高度,指出提高农业技术的社会化服务水平是中国农业发展中的关键问题，提倡通过多种形式鼓励和支持社会力量参与提供农业社会化服务。

4. 2017年后，新型农业社会化服务体系建设阶段

这一阶段，中央提出乡村振兴战略，进一步推动农业产业化、多元化发展，建设新型农业社会化服务体系。我国农业社会化服务体系逐步突破单一服务模式，开始充分利用市场和资源多元化发展的模式，以公共服务部门为依托，以村集体为基础，以专业合作组织为主导，以龙头企业为骨干，个体经营主体为补充，形成新型社会化服务体系。农业社会化服务体系的服务对象——农民，也与时俱进，不断提高自身素质，接受先进的农业发展观念。

◉ 什么是新型农业社会化服务体系？其特征是什么？

新型农业社会化服务体系是指以公共服务机构为依托、农村集体经济或合作经济组织为基础、龙头企业为骨干、其他社会力量为补充，公益性服务和经营性服务相结合、专项服务和综合服务相协调，为农业生产提供产前、产中、产后全过程综合配套服务的体系。

新型农业社会化服务体系是农业生产经营分工不断深化的结果，是农业生产经营商品化和市场化发展到一定程度的表现。除了具有农业社会化服务体系的一般特征外，新型农业社会化服务体系还具有以下特征：

（1）以合作经济组织为基础，龙头企业为骨干。在我国农业从传统向现代转变的过程中，合作经济组织和龙头企业基于独特的经营方式和与农户的天然联系，在新型农业社会化服务体系中发挥着重要作用，并成为新型农业社会化服务体系的重要服务主体。

（2）公益性服务和经营性服务相结合，专项服务和综合服务相协调。传统上，我国农业社会化服务以公益性服务为主，专项服务与综合服务发展不协调，综合服务的投入较大。新型农业社会化服务体系强调公益性服务与经营性服务相结合，专项服务与综合服务相协调，在国家能力范围内为农户提供尽可能多的公益性农业社会化服务。既发展农业金融、科技、信息等综合服务，也加强农业产后服务、生产资料供应服务等专项服务。

（3）运行机制市场化，经营方式产业化。农业社会化服务本身具有价值，可以创造效益，因此，这种服务应该是有偿的。除了国家公益性服务以外，其他社会化服务都应该按照市场状况进行等价交换。新型农业社会化服务体系的服务动力来源于效益、效率的驱动，农业生产经营的方式决定服务方向、服务质量，信誉等决定服务业绩，供需平衡决定经营性服务的价格。新型农业社会化服务体系只有通过市场化的运行机制，才能高效运转，为农户生产经营和农业生产发展提供优质服务。此外，新型农业社会化服务体系包含多个主体，形成多个细分产业。

（4）服务手段现代化，管理方式精细化。新型农业社会化服务体系善于应用现代科技手段，利用互联网技术，借助发达的信息传播工具和电子商务等渠道，建立现代服务平台，高效优质地服务于农业生产，为农户提供高质量服务。同时，新型农业社会化服务体系追求效率，提升内部管理水平，推动管理方式的精细化，与现代农业的发展需求相适应。

◉ 农业社会化服务体系是如何构成的？

农业社会化服务可以概括为生产、金融、信息、销售四大类。其中，农业生产服务又可以分为产前、产中、产后三个阶段。产前，包括农业生产资料（种子、化肥、农药、薄膜等）供应服务、良种引进和推广服务；产中，包括耕种技术、栽培技术、病虫害防治技术等技术服务、集中育苗育秧服务、机播机种机收等机械化服务、肥料统配统施服务、灌溉排水服务、疫病防疫和统治服务；产后，包括农产品加工服务、运输及储藏服务、产品质量检测检验服务等。

通常，农业社会化服务体系可按服务类别划分为以下九个子体系。

（1）农业生产资料供应服务体系。

（2）农业技术推广服务体系。

（3）动植物疫病防控服务体系。

（4）农田水利服务体系。

（5）农业机械服务体系。

（6）农产品质量监管服务体系。

（7）农产品交易和流通服务体系。

（8）农业信息收集和发布体系。

（9）农业金融和保险服务体系。

◉ 提供农业社会化服务的主体有哪些？各主体服务范围有何差别？

提供农业社会化服务体系的主体主要包括农业龙头企业、农村集体经济组织、农民专业合作组织、涉农科研院所、农业技术推广机构、农村金融机构等。按照其提供服务的性质，可划分为三类。

一是提供公益性服务的主体。包括各级政府设立的、从事农技、农机、水利、种植、畜牧兽医等业务的市、县、乡（镇）三级服务站和技术推广机构等。

二是提供半公益性服务的主体。包括部分科研院所、培训机构、部分行业协会、部分集体经济组织和农民专业合作社、部分涉农金融机构等。

三是提供经营性服务的主体。包括农业生产、加工龙头企业、流通服务企业和批发市场、农村金融服务组织、部分科研院所、培训机构、部分专业合作社等。

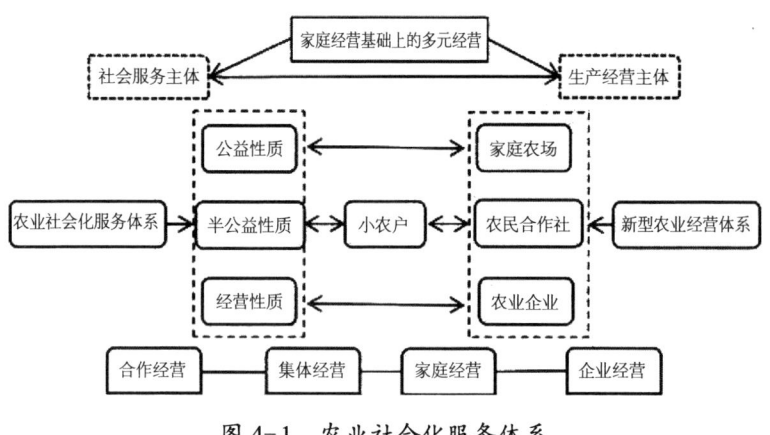

图 4-1 农业社会化服务体系

各主体提供的农业社会化服务种类存在一定差异，且基本体现了各自的特点和优势。公共服务机构主要提供农业技术推广和培训服务、疫病统防统治服务、良种引进和推广服务以及质量检测检验服务；农民专业合作社提供的农业生产社会化服务较为均衡，均有涉及；农业产业化龙头企业主要提供良种引进和推广服务、肥料统施统配服务、农业生产资料购买服务和产品流通服务；专业服务户主要提供机播机种机收等机械化服务、集中育苗育秧服务、农业生产资料购买服务。

◉ 我国农业社会化服务有哪些模式？各有什么优势和特点？

1. 以政府成立的农业公共服务部门为主导的服务模式

这是我国农业服务业的传统模式。其优势和特点包括：一是可以利用职能优势，有效地对农户进行一对一服务，方便基础设施建设、生产资料供应、技术和销售渠道开发和资金支持。二是可以运用现代信息技术建立农技网络咨询服务平台，通过开通农技服务热线提供信息服务。这一方式降低了农户的经营成本，减少了风险，可以收到较大成效，推动农村经济稳定发展。三是可以培养专业人才队伍，提供农业科技人员入户服务。通过优秀、专业的农业技术人员进村，进行技术指导，试点新品种和新技术，再有效地进行推广，可以以一带多，节省人力成本，形成规模效应，解决农业生产经营问题。四是能够做到责任到人，建立农技推广责任制。政府公共服务部门承担了农技推广人员的选拔和任用工作。对农技指导员实行分级分责管理，确保人尽其才。建立农技推广运作机制，建立分级培训、课题协作、农业信息服务制度，根据农民的实际需求开展培训，发挥农民培训中心和科技示范基地的作用，帮助农民充分利用农业信息网等资源优势，解决技术难题，发布销售信息，推介农业新品种和新技术。政府公共服务部门还能建立农技推广保障体系，安排农技专项推广资金，实行专款专用，开展课题研发和农技推广活动。

2. 以村集体经济组织为主的服务模式

村集体经济组织与农户联系最为紧密，也是最接近农户的服务组织。村集体在引导和组织农民上具有优势，尤其在土地使用和流转方面，村集体组织可以在不影响土地所有权的情况下保证土地规模化和集约化使用。村集体可以与农户签订承包合同，集中农户的分散农田，进行统一种植、统一耕作和统一治理，实现规模化、产业化生产。农民还可以在集约化生产的农场务工，获得劳动报酬。

基于我国各个地区在地理、人口环境和经济状况等方面存在较大差异，部分地区出现了由政府部门主导、村集体经济组织或合作社承办村级综合性服务站的农业社会化服务模式。村级综合型服务站作为固定服务站点，向农民提供农业社会化服务。在市、县财政的支持和服务站承办者的运营下，服务站与农民加强沟通交流，开展技术培训、专家咨询等方面的义务服务，有偿为农户提供生产资料和农用物资。村级服务站联结了供应商、示范户和农技员，促进了技术信息的咨询和市场信息的及时反馈，保证了技术推广的时效性。服务站还通过专门的销售渠道促进农产品销售，保证农资产品的低价，通过统一的技术服务、高效的配送模式、合理的价格调控，把控好农业生产环节，保护农民利益。

3. "村集体+中介组织+基地+农户"服务模式

村集体在产业规划引导、土地流转和纠纷处理、资金争取、病虫害防治、对外交流联络、道路水电信息、办公场所提供等方面具有保障服务功能和沟通交流优势。但是，村集体工作人员较少、经济基础相对薄弱，对农户的直接服务能力有限，通常需要借助龙头企业、能人、专业合作社、技术服务队等开展服务，由此形成了

"村集体+中介组织+基地+农户"的农业社会化服务模式。在这一模式下,村集体通过农产品或生产资料统一购销,降低农业生产成本,形成产品价格优势;通过统一提供耕地、播种、植保、灌溉方面的机械化操作,提高生产效率,将农民从原始的人力劳动中解放出来;通过进行村级公共基础性建设,提供必要的公路、通信、电力等生产生活服务。

4. "农民专业合作组织+农户"服务模式

农民专业合作组织能够解决分散经营的问题,联结农户和市场,形成利益组合,推动我国农业的市场化进程,促进农业现代化,促进农村经济发展,带动农民增收。其具体服务内容和方式包括:一是产前提供团购和技术培训服务。农民通过组团集体购买农业生产要素,可以降低购买成本。农民专业合作社通过良好组织,形成规模性的购买力,在价格和运输成本上争取到更大优惠。二是产中提供技术指导服务。农民专业合作组织可以直接为农户进行技术培训。与大专院校和科研机构保持联系,通过进行学术、技术、信息方面的交流指导,提高科技成果转化率,加速将科学技术转化为实际生产力。三是产后提供销售和加工服务。在农业产业链中,附加价值最大的还是加工和流通环节。农民专业合作组织可以为农户提供农业产后服务,为农户增加第二、三产业的收益,维护和争取农民的经济利益。

5. "农业产业化龙头企业+农户"模式/"农业产业化龙头企业+基地+农户"模式

在这种模式下,企业和农户之间签订收购或者销售协议,龙头企业向农户提供技术和资金支持,分享市场信息,农户按照协议要求进行生产，龙头企业再按照协议价格收购农产品。企业和农户通过协议联系在一起，形成利益联结体，互惠互利。但是，在部分情况下，由于农民的素质不高，法律意识淡薄，企业的趋利性会对农民利益造成一定的损害，因此，农民违反合同的情况时有发生，也会给企业造成损失。

6."农业产业化龙头企业＋合作社（协会）＋农户"模式

在市场经济发展不完善的农村地区，龙头企业的趋利性使得企业容易形成垄断，而分散农户常常处于劣势。农民专业合作组织恰好能够促进农民与企业沟通交流，保证农户的正当权益。农民通过合作组织与企业进行合作，确定利益连接机制和方案，接受新的技术，获取最新的市场信息，降低交易成本，提高合同履约率。

7."农业产业化龙头企业＋政府机构＋基地＋农户"模式

农业产业化龙头企业直接服务于农户的交易成本和风险相对较高，企业和农民之间存在不信任。政府的公共服务部门具有公信力，恰好是合适的协调和组织者。政府公共服务部门作为中介，具有组织和技术优势，政府公共服务部门同农户签订协议交给龙头企业执行，在生产过程中协同龙头企业向农民提供技术支持和生产服务，产后负责农产品质量监督，维护龙头企业和农户双方的利益。政府公共服务部门还可以与龙头企业一起整合资源，研究新品种，实践种植，开辟农业生产基地，并将成功经验推广到农户，提高农业生产水平，降低种植风险。

8."农业产业化龙头企业＋村委会＋基地＋农户"模式

村委会是通过农民自主选举产生的，能够广泛征求民意，代表民意，是代表农民与龙头企业沟通的最佳选择，可以在充分信任的基础上将市场信息和新技术传递给农户,也可以帮助企业对农户的生产活动进行督促和监督,降低交易成本。

9. 农村经纪人服务模式

农村经纪人是促成农产品顺利进入流通市场的群体,在农业社会化服务中,尤其是产后环节发挥着重要作用。为农民提供比较准确的市场信息,解决销售渠道短缺的后顾之忧,化解农民处于市场竞争中不利位置的难题;降低农民的交易费用,有利于提高农民收入;促进农村社会分工体系的完善,推动农村富余劳动力的转移。

⦿ 如何建设新型农业社会化服务体系?

(1)强化制度建设。在农业技术推广服务、农业生产性服务、农村商品流通服务、农村金融服务、农村信息服务、农产品质量安全服务等方面进行制度优化,探索创新服务模式和完善利益联结机制的有效路径,形成长效、可持续运营机制。

(2)加强主体建设。按照主体多元、形式多样、服务专业、竞争充分的要求,引导支持各类服务主体做大做强。推进公共服务站点建设,发展合作服务组织,壮大服务型农业企业,支持社会服务组织和服务专业户发展。对各主体而言,要加强组织和服务能力建设,创新管理体制,提高人员素质,拓展服务功能和方式;各主体之间以资金、技术、服务等要素为纽带,大力发展服务联合体组织形式,打造一体化的服务体系,形成农业生产经营综合解决方案。探索建设产业联盟、协会等行业组织,破解单一服务主体做不了、做不好的共性难题。

(3)推进市场建设。开拓农村市场,打破地区和部门界限,充分利用市场调节机制，将企业和农户组织起来，培育全国统一的大市场；推进农村商贸流通现代化，加快农业生产资料连锁经营网络建设；健全农产品市场体系，完善农业信息收集和发布制度；保障农用生产资料供应，整顿和规范农村市场秩序，严厉惩治坑农、害农行为。

◉ 我国农业社会化服务体系的发展现状如何？

农业社会化服务是实现小农户和现代农业发展有机衔接的基本途径和主要机制，是激发农民生产积极性、提高农业生产力的重要方式和路径，是构建现代农业经营体系、转变农业发展方式、推动农业现代化的重大战略举措。经过多年的发展，我国农业社会化服务体系建设取得明显成效，在农机作业、动物防控、农作物病虫害统防统治方面发挥着越来越重要的作用。

一是服务主体数量不断增加，构成更加多元。截至2021年底，我国农业社会化服务组织总数已达到104.1万个，其中，农民合作社达32.4万家，集体经济组织7.1万个，农业社会化服务企业4万个，服务专业户数量最多，达55.2万个。各服务主体服务小农户数量达8939.1万户，服务农村土地面积达到18.7亿亩次，其中，服务粮食作物面积达13.5亿亩次，对保障国家粮食安全和重要农产品有效供给、促进小农户和现代农业发展有机衔接、推动农业现代化发展发挥了重要的引领和支撑作用。

二是服务机制不断创新，联结更加紧密。各地把农业生产托管作为推动农业社会化服务、发展服务带动型规模经营的重要方式，因地制宜发展单环节、多环节、全程生产托管等服务模式。各类服务主体积极创新服务模式和组织形式，大力发展多层次、多类型的专业化服务，推动农业生产的专业化、标准化和集约化。在实际运行中，产生了专业合作组织带动模式、专业市场带动模式、农村乡土能人带动模式、政府购买模式、金融合作扶持模式等多种服务模式，提高了农业综合生产能力，增加了农民收入，促进了农村经济的发展。

三是服务主体自身持续成长和发展。按照主体多元、形式多样、服务专业、竞争充分的要求，各地大力培育农业社会化服务企业、农民合作社、供销合作社、农村集体经济组织、服务专业户等各类服务组织，呈现出竞相发展、各尽其能、稳步壮大的发展势头。2021年，各经营主体业务总收入达1738.3亿元。其中，农民合作社是社会化服务的主力军，服务对象和服务小农户数量最多，达4300多万个，服务内容包括农资供应、农技推广、加工销售等各个环节，2021年，实现营业总收入达745亿元；农村集体经济组织以提供"居间"服务为主，是联系广大中小农户与各类服务组织的桥梁纽带，2021年，经营总收入84.7亿元；专业化服务企业服务能力强，服务范围最广，专业水平高，营业收入也最多，2021年，达514.6亿元；服务专业户数量最多，依托自身贴近小农户的优势，2021年，实现营业总收入316.5亿元。

四是服务范围由产中向产前和产后环节不断延伸。从单纯的种植和养殖拓展到农产品加工、销售、技能培训、农机服务等领域，拓宽了农业社会化服务发展的种类。产前领域，信息咨询服务功能逐渐完善，可以为农户提供专业的技术和市场信息咨询、政策法律咨询，引导作用日益明显。产后领域，加工企业不断增多，规模持续增加；农产品批发市场不断出现，农村电子商务迅速发展，农产品流通服务体系逐步建立，渠道不断增多。产中领域，农技推广机构不断发展完善，陆续建立起县级推广中心、乡镇技术推广服务站、村级科技示范户、农业技术推广网络等，农村专业合作组织成为重要服务载体，推动了农业科技推广服务的发展。

◉ 我国农业社会化服务体系存在哪些不足？

虽然我国农业社会化服务已经覆盖到农业生产的各个环节，但是仍然存在一些不足和问题。各地区社会化服务体系建设不平衡，部分地区的发展机制不够灵活；新型社会化服务组织的发展还不够健全，经营性服务组织的服务层次偏低，服务水平不高，加快构建新型农业社会化服务体系迫在眉睫。

一是部分公益性社会化服务机构设置不够合理，能力有待加强。部分机构之间职能分工不够明确，存在职能不清、责任重叠的情况；部分机构既从事公益性服务，又从事经营性服务，服务力量分散，导致服务能力不强，公益性职能发挥不足；有的机构人员年龄老化，对年轻人才、优秀人才的吸引力不足，导致出现知识断层；有的机构服务层次不高，供给能力有待加强；有的机构缺乏现代化的服务手段，服务内容相对单一，无法满足农民和农业生产多层次、多形式、多元化的服务需求；部分技术推广站只是面子工程，缺乏绩效考评机制，造成了资源浪费；有的生产公益性服务组织和营利性社会服务组织之间角色不时串位，农业技术部门有时也会将职责推给村集体。

二是社会化服务在农业各个环节的分布不够均衡。对农户的服务大多集中在产中,对产前和产后服务相对较少。产前的规划、咨询等指导服务较为薄弱,导致部分新型农业经营主体对自身农业生产的复杂性和风险性估计不足,导致投资经营亏损;产中的技术指导能力也相对不足,技术队伍规模偏小,缺乏落地机制,对农民进行直接技术服务的能力有待加强;产后的直接销售能力较弱,导致农产品与市场的对接不够紧密,容易造成农产品的囤积,造成损失。

三是部分经营主体社会化服务投入不足,发展缓慢。部分村级集体经济组织和专业合作社收入来源不足,没有充足财力,其职能的发挥大打折扣,无法集聚资源为农户提供全面、专业的服务。村级集体经济组织也无法享受太多财政支持,在缺乏财力支持的情况下,组织能力大打折扣,社会化服务受到限制,单一的服务方式不足以支持长期持续发展。个体形式的民间服务主体本身资金不够充裕,对风险的承受能力有限。

四是农村专业合作组织的运行和决策机制有待完善。与发达国家相比,我国专业合作组织的发展相对滞后,内部缺乏科学、有效的管理,效用和作用无法满足农业和农民发展的需要。而且,各个农民专业合作组织对内和对外的联系都不够紧密,市场信息不畅,影响服务质量,也限制了组织的辐射范围。部分农民专业合作组织的决策和机制滞后于现代农业服务业和农业生产的需求,缺乏高素质的领导人,影响发挥作用。

五是部分农业产业化龙头企业未充分发挥社会化服务作用。农业产业化龙头企业具有资金和技术上的优势,但是国家对企业的政策支持和财政优惠还很有限,农村金融的信贷投放标准又比较严格,龙头企业在资金上处于紧张状态,对农户进行社会化服务受到相应影响，服务能力相对减弱。此外，龙头企业的趋利性使得在对农民服务的过程中往往以利益为先，企业要在保证自身利益的前提下适当投入，往往也只针对某些特定环节。加之地理位置和产业定位等因素，农业社会化服务企业对人才的吸引力总体不强，对员工的培训也相对不足，影响了企业社会化服务的质量。

六是农业金融服务流程复杂，产品创新不足。以农商行为代表的农村金融机构通过吸收农村闲散资金支持农村经济建设，对农村小额闲散资金的吸收效果非常明显，但是信贷供给能力较弱，基础设施建设滞后，吸收的资金也没有完全投入对农业的金融信贷服务中，也缺少对村集体经济组织和农民专业合作社的金融服务产品设计，提供的信贷额度低、覆盖面窄、手续复杂，难以满足农户、农村中小企业和农民专业合作组织的需求。农业保险供给也存在险种少、缺乏专业组织、保险条款宣传不到位等问题。

七是部分社会化服务缺乏有效监管，存在一定市场风险。部分民间服务主体建设缺乏规范性，在农资市场竞争激烈的情况下，容易开展不公平竞争；农村经纪人作为一种新兴的市场主体，承担着农产品与市场的联结任务，但是农村经纪人无法保证收购农产品的数量和质量，掌握的技术和信息也相对落后，在整个服务过程中都比较被动；农产品批发市场的建设有待规范，标准化、规范化和组织化程度较低，部分地区的批发市场以露天销售为主，多为分散独立的经纪人和中介组织，没有统一的交易市场和营销队伍，缺少规范管理和明确定位。

八是农业社会化服务体系存在地区差异，呈现发展不均衡的状态。东西部分布不均衡，产销分布也不均衡。东部地区农业社会化服务体系发展较快,服务水平较高,组织形式多样,服务链条完善,社区服务功能较强,农技推广体系完善,能够为农民提供综合性、系列化的服务。但中西部地区服务体系发展相对缓慢,以政府部门服务为主,其他组织服务为辅,村级集体组织力量薄弱,市场化服务机构规模不大,农技推广服务功能不强,服务内容大多集中在产中环节。

● 近年我国农业社会化服务的支持政策有哪些?

党的十八大以来,我国农业社会化服务支持政策不断发展完善。2014年,下发的《国务院关于加快发展生产性服务业促进产业结构调整升级的指导意见》,明确生产性服务业涉及农业、工业等产业的多个环节,鼓励农业企业和涉农机构重点围绕提高科技创新和推广应用能力,加快推进现代种业发展,完善农副产品流通体系;推进农业生产现代化,搭建各类农业生产服务平台,加强政策法律咨询、市场信息、病虫害防治、测土配方施肥、种养过程监控等服务,健全农业生产资料配送网络,鼓励开展农机跨区作业、承包作业、机具租赁和维修服务;支持农业生产的信息技术服务创新和应用,发展农作物良种繁育、农业生产动态监测、环境监控等信息技术服务,建立健全农产品质量安全可追溯体系。2017年6月,农业部会同国家发展改革委、财政部印发《关于加快发展农业生产性服务业的指导意见》,提出大力发展多元化、多层次、多类型的农业生产性服务,推动多种形式适度规模经营发展。同时,农业部会同财政部设立以带领小农户发展现代农业和服务规模经营为目标的农业生产托管项目,联合印发《关于支持农业生产社会化服务工作的通知》,支持以生产托管为主的农业社会化服务。同年9月，农业部办公厅印发《关于大力推进农业生产托管的指导意见》，明确因地制宜重点支持开展托管的农产品生产、托管环节、托管模式以及服务规模经营形式，加强行业管理，促进农业生产托管规范发展。2019年2月，中共中央办公厅、国务院办公厅印发《关于促进小农户和现代农业发展有机衔接的意见》，提出健全面向小农户的社会化服务体系，发展农业生产性服务业，加快推进农业生产托管服务等。同年7月，农业农村部办公厅、财政部办公厅联合印发《关于进一步做好农业生产社会化服务工作的通知》，提出重点围绕粮棉油糖等重要农产品和当地特色主导产业，服务方式进一步聚焦农业生产托管，服务对象进一步聚焦小农户，服务环节进一步聚焦关键薄弱环节和农民急需的生产环节。2021年7月，农业农村部印发《关于加快发展农业社会化服务的指导意见》，推动因地制宜发展单环节、多环节、全程生产托管等服务模式，并进一步重申了财政、税收、金融、保险、用地等方面的支持政策。同年8月，农业农村部办公厅印发《关于开展农业社会化服务创新试点工作的通知》，进一步探索农业社会化服务引领支撑农业现代化发展的有效路径和方法。

● 发展新型农业社会化服务体系的目标是什么？

瞄准培育农业服务业大产业的目标，加快形成组织结构合理、专业服务水平较高、服务能力较强、服务行为规范、综合配套、便捷高效、全产业链覆盖的新型农业社会化服务体系。聚焦服务小农户，解决小农户生产关键薄弱环节的现代化难题，加强探索和试点，推动农业社会化服务内容、服务方式、服务手段创新，推进信息化、智能化同农业社会化服务业深度融合。推动资源共享，加强多元服务主体间的联合和合作，扩大服务半径，强化服务功能，拓展服务领域，创新服务模式。充分发挥农村集体经济组织"统"的优势和作用，为小农户和服务组织顺畅对接提供多种形式的居间服务。

◉ 发展新型农业社会化服务体系应遵循什么原则？

发展农业社会化服务体系应遵循的原则包括：

（1）多主体、多层级、多类型服务结合。鼓励农科教结合、农商结合、物技结合、政物结合，各主体协同形成系列化服务；国有、集体和个体经营协同发展，突破所有制的界限，发挥各自优势，一起走进农村，推进农业社会化服务。鼓励企业与集体经济组织和农户之间结成利益共同体，形成稳定的利益联结机制。

（2）公益性与市场化相结合。在发展公益性社会化服务的同时，各类不同服务主体提供的服务要遵循市场化方向和经济规律，提高服务效果，服务较好的才能占领市场，适应市场供求和价格环境的变化。在合作经济组织、龙头企业、公共服务机构内部，建立人员聘用、绩效考核等方面的市场机制，促进服务主体竞争中发展。要面向社会吸收高素质人才，提升农业社会化服务工作的优势和潜力，通过公开透明、科学合理的绩效考评机制兼顾经济效益和社会效益。

（3）贸工农、产供销一体化发展。以市场为导向，促进生产要素的优化组合和产业结构的调整，实现生产、加工、销售的一体化经营，实现城乡之间的优势互补。将原材料产地和农产品加工企业直接联系，突破地域的界限，将不同地区的企业衔接起来，通过合同方式形成稳定的供求关系。

现阶段发展新型农业社会化服务体系的重点是什么？

当前，发展新型农业社会化服务体系应重点着眼以下方面。

（1）农业科技创新和技术服务。着眼种子、农机等急需领域和前沿技术，实行科技有偿服务，调动参与主体的积极性，通过现代科技提高农业生产和服务水平，推动农业现代化和农业强国建设，不断发展农村经济。国家可出台税收、财政、金融等方面的扶持政策，进一步加强农技推广服务体系建设，加强农技推广服务队伍。

（2）现代农业信息服务。加强市场供求信息、价格信息等方面的预测和分析，对于有竞争力的农产品，从产前、产中、产后关注全面信息，帮助提高产品竞争力。逐步建立农业信息商品市场，促进信息传播，实现农业信息商品的供需对接。同时，应用物联网等现代信息技术发展智能化生产，将信息技术应用到农产品的生产、储藏、加工、运输等各个环节。

（3）农业生产资料供应服务。农资生产企业要合理配置资源，完善农资配送体系，保证配送效率。要发展第三方外包型农资配送模式，利用第三方的专业优势，使农户享受到高品质服务。地方政府要不断完善农资配送体系，强化站点建设，培养专业人员，加大监管力度，建立区域性的农资配送中心。

（4）农村电商服务。电商作为新兴业态，可以帮助小农户推销产品，实现增收致富。要充分利用现有电商平台，培育对接小农户的电商服务机构；提升各服务主体品牌意识、运营能力，挖掘地方农产品特色优势和公共品牌；构建线上线下结合模式，完善网络、仓储、物流等电商基础设施。

（5）农产品流通服务。加大投入，形成以市、县批发市场和村镇集贸市场为载体，以加工企业、中介组织、运销商贩为主体，以产品集散、现货交易为基本模式的流通格局，实现农产品的多渠道、多形式销售和增值。做好物流运输体系建设，确保农产品的运输渠道畅通及运输过程中的保鲜、保质工作。

（6）农业金融保险服务。创新农村金融服务体系，让农民生产经营能够获得更多的资金支持；鼓励保险机构开发涉农保险产品，提升服务意识；提升农民参与保险服务的意识，为保障农民增收、实现农业现代化提供保障。

（7）农产品安全质量服务。通过社会化服务完善农产品安全质量管理体系，有利于获得消费者的信任。可以从两个方面着手：一是社会化服务机构把控各生产环节的监管，促进农户按照标准生产，从根源上消除农产品质量问题；二是加强产成品的质量检测，堵死不合格农产品进入市场的渠道。

◉ 应如何保障新型农业社会化服务体系的健康发展？

当前，应重点从以下方面着力，发展新型农业社会化服务体系。

（1）政策保障。从财政、税收、土地、人才、用电政策等多方面，为农业社会化服务主体发展提供扶持和保障。对从事农业机耕、排灌、病虫害防治、植物保护、农牧保险等服务项目的主体，按有关政策在企业所得税、营业税等方面给予支持。推进事业单位专业技术人员联系帮扶服务主体活动，加强主体从业人员培训。

（2）资金保障。目前，农业社会化服务的资金主要依靠服务主体自身的积累。应该建立财政和信贷资金方面的相应保障，加大财政资金整合力度，支持农业服务体系建设和农业社会化服务组织发展。同时推进多渠道筹集资金。鼓励和支持社会资本投资农业社会化服务。

（3）机制保障。从政府层面，要开展扩大政府购买农业服务试点，探索从哪些环节、哪些渠道、采取什么方式购买服务，支持经营性服务组织从事农业公益性服务；从主体层面，要建立合理的激励机制，鼓励参与服务的人员提高服务技能，提高工作积极性。对服务效果差、农民满意度低的服务项目要改正完善。对于积极配合的农户给予一定补贴和优惠，增强农民的参与意识。

（4）标准保障。应围绕服务规范化目标，加快制定农业社会化服务细分行业的国家、地方、行业运行服务标准，确保为农服务质量，防止价格欺诈和市场垄断。加强对各服务主体的动态监测，规范服务行为，保障农户权益。

◉ 供销合作社在我国农业社会化服务中发挥什么作用？

供销合作社是我国为农服务的合作经济组织，是党和政府做好"三农"工作的重要载体，在我国农业社会化服务体系中担负重要角色，在为小农户服务中发挥重要作用。

改革开放前，供销合作社是我国农业生产服务的主要依托。新中国成立初期，我国成立了中华全国合作社联合社，统一领导和管理全国的供销、消费、信用、生产、渔业和手工业合作社。从新中国成立到1957年，供销合作社在全国得到迅速发展，形成了一个上下连接、纵横交错的全国性流通网络，不仅承担了满足农户生产、生活需要、组织农村商品流通的主渠道作用，也成为联结城乡、联系工农、沟通政府与农民的桥梁和纽带。1958年后到改革开放前，我国供销合作社发展几经曲折，但一直在为农综合服务中居于主角地位。

改革开放后，供销合作社虽经历了多次改革，目前仍是我国农业社会化服务的重要载体。通过由流通服务向全程农业社会化服务延伸、向全方位城乡社区服务拓展，形成综合性、规模化、可持续的为农服务体系，供销合作社在农资供应、农产品流通、农村服务等重点领域和环节为农民提供着便利实惠、安全优质的服务。除领办各类专业合作社之外，供销合作社系统各企业还从事农业生产资料、农副产品、日用消费品、再生资源等经营业务，农产品、再生资源加工业务，以及连锁经营、配送服务等。

● **我国供销合作社改革发展的历程如何？有什么成果？**

改革开放后，供销合作社逐步恢复了群众性、民主性、灵活性，逐步完善了农民入股、内部分配等各项制度。1995年2月，中共中央、国务院下发了《关于深化供销合作社改革的决定》，明确了供销合作社的性质、宗旨、地位和作用。此后，又先后发布了《国务院关于解决当前供销合作社几个突出问题的通知》（1999年）、《国务院关于加快供销合作社改革发展的若干意见》（2009年）、《中共中央 国务院关于深化供销合作社综合改革的决定》（2015年），供销合作社改革不断深化。同时，近年来的历年中央一号文件均对深化供销合作社改革、提高其为农服务能力作出了部署。

经过不断的社会改革和推动发展，截至2020年底，供销合作社全系统有县及县以上供销合作社机关2789个，基层社37652个。全系统组织农民兴办的各类专业合作社192460个，入社农户1515.7万人。其中，农民专业合作社联合社 9865 个。各类专业合作社中，农业生产资料类 6327 个，综合服务类 6797 个。全系统共有各类法人企业 22739 个（不含基层社）。其中，农业生产资料经营企业 3844 个，农副产品经营企业 5132 个，日用消费品经营企业 3508 个，再生资源经营企业 1449 个。各类生产加工企业 2083 个。全系统有各级政府和省以上有关部门认定的农业产业化龙头企业 2412 个，开展电子商务活动的企业 3977 个。其中，自建电子商务平台的企业 1461 个，入驻商户 15.4 万户。

⦿ 如何发挥供销合作社作用带动农户致富？

《乡村振兴促进法》第二十三条提出，各级人民政府应当深化供销合作社综合改革，鼓励供销合作社加强与农民利益联结，完善市场运作机制，强化为农服务功能，发挥其为农服务综合性合作经济组织的作用。要实现带动农户致富，就要按照合作制的要求，推动多种形式的联合与合作，实现互助互利。

一是强化合作社基层社的合作性质带动农民致富。要按照强化合作、农民参与、为农服务的要求，因地制宜推进基层社改造，逐步办成规范的、以农村社员为主体的合作社，实现农民得实惠、基层社得发展。要强化基层社的合作经济属性，吸纳农民和各类新型经营主体入社。通过劳动合作、资本合作、土地合作等多种途径，采取合作制、股份合作制等多种形式，使得农民和各类新型农业经营主体参与到基层社中，增强基层社与农民在组织上和经济上的联结。要完善治理结构，落实社员代表大会、理事会、监事会制度，强化民主管理、民主监督，提高农民社员在经营管理事务中的参与度和话语权。要理顺利益分配关系。

二是通过领办创办农民专业合作社带动农民致富。通过共同出资、共创品牌、共享利益等方式，创办一批管理民主、制度健全、产权清晰、带动力强的农民专业合作社。在自愿前提下，引导发展农民专业合作社联合社。充分发挥供销合作社综合服务平台作用，带动农民专业合作社围绕当地优势产业开展系列化服务。加强基层社与农村集体经济组织、基层农技推广机构、龙头企业等的合作，形成服务农民生产生活的合力。

⦿ 中央和有关部门对供销合作社发展的政策如何？

中央和有关部门鼓励供销合作社发展农业生产托管等社会化服务。习近平总书记指出，供销合作社是为农服务的生力军，要积极创新组织体系和服务机制，在建设现代农业中发挥作用；为了解决部分农民家庭因各种原因无人种地问题，不少地方农村采取了土地托管、代耕代种以及建立"土地银行"等措施，保证了地有人种，这些办法都值得总结推广。《中共中央、国务院关于深化供销合作社综合改革的决定》提出，供销合作社要采取大田托管、代耕代种、股份合作、以销定产等多种方式，为农民和各类新型农业经营主体提供农资供应、配方施肥、农机作业、统防统治、收储加工等系列化服务，推动农业适度规模经营。2016年、2017年、2019年、2020年的中央一号文件均提出，支持发展土地托管等农业社会化服务。《中共中央办公厅 国务院办公厅印发〈关于促进小农户和现代农业发展有机衔接的意见〉的通知》指出，支持农村集体经济组织、供销合作社专业化服务组织、服务型农民合作社等服务主体，面向从事粮棉油糖等大宗农产品生产的小农户开展托管服务。2022年的中央一号文件明确，支持农业服务公司、农民合作社、农村集体经济组织、基层供销合作社等各类主体大力发展单环节、多环节、全程生产托管服务。农业农村部、财政部在2019年、2022年印发的《关于农业生产发展等项目实施工作的通知》中均指出，支持符合条件的供销合作社承担农业生产社会化服务任务。

● 如何强化供销合作社市场化运作机制？

供销合作社要始终坚持为农服务的宗旨，把服务"三农"作为立身之本、生存之基，把为农服务成效作为衡量发展成就的首要标准。同时，供销合作社作为具有特殊性的市场主体，必须顺应市场规律，完善运行机制，更多遵循市场规律开展业务和服务活动。一是构建社有企业支撑的经营服务体系。深化社有企业改革，加快完善现代企业制度，健全法人治理结构，建立与绩效挂钩的激励约束机制，增强社有企业发展活力和为农服务实力。二是理顺联合社与社有企业的关系。联合社要把握好为农服务方向，加强社有企业监管，促进社有资产保值增值；社有企业要面向市场自主经营、自负盈亏。三是创新联合社治理结构。按照建设合作经济联合组织的要求，优化各级联合社设置和职能，更好运用市场经济的手段推进工作。推进县级联合社民主办社、开放办社，逐步把县级联合社办成基层社共同出资、各类合作经济组织广泛参与、实行民主管理的经济联合组织。

● 农业技术推广体系建设的现状如何？有哪些成效？存在什么问题？

农业技术创新的成果，必须通过农业技术推广才能够应用到农业农村生产生活中。长期以来，我国以农业技术推广体系改革与建设为重点，加快农业科技成果转化与应用，取得显著成效。一是强化基层农业推广机构建设。中央财政加大对乡镇农业技术推广机构的支持。推动乡镇农业技术推广机构实行"县管"或"县乡共管、以县为主"。推行农技人员"包村联户"的工作机制和"专家—农技人员—科技示范户"的服务模式，引导科研教学单位到农村建立试验示范基地，开展技术培训和指导服务。推行科技特派员制度，鼓励科技人员到农村创新创业。二是促进科技成果转化。建立全国农业科技成果转移服务中心，推动科技成果公开交易。实施农业科技成果转化专项，推广大批农业新技术、新模式。三是加强新型职业农民培育。实施新型职业农民培育工程，重点对青年农场主、种养大户、农机手、农民合作社骨干、返乡农民工进行培训。

我国农业技术推广体系建设和运行中还存在一些问题。一是部分农业技术还没有全部落实到田间地头。农业技术推广是一套完整的体系，涉及技术研发、田间试种、技术下乡、实地指导等。目前来看，部分科研成果还难以落实到生产实践中，尤其是如何走好"最后一公里"仍是难题。二是基层农业技术推广机构职责不清、能力不足。在基层机构改革中，农业技术推广机构职责弱化，难以保障农技人员用于技术指导与培训农民的时间和精力。部分农业技术推广人员专业能力不够，各地普遍存在基层农业技术推广人员年龄偏大、学历较低、职业素养和学习能力不足等问题，与市场化、信息化、规模化发展要求不相适应。

● 未来构建农业技术推广体系的思路是什么？

我国实行"一主多元"的农业技术推广体系，公益性推广与经营性推广分类管理。国家农业技术推广机构重点承担公益性农业技术推广服务；农民专业合作社、涉农企业、社会科技组织则开展经营性农业技术推广服务；农业科研单位、相关院校则既承担部分公益性服务，也承担部分经营性服务任务。国家探索公益性和经营性农技推广服务融合发展机制，在强化公益性农技推广机构职责的同时，鼓励经营性农技推广服务机构开展业务。

各级政府农业技术推广机构属于公共服务机构，负责公益性农业技术推广服务，主要职责包括：各级政府确定的关键农业技术的引进、试验、示范；植物病虫害、动物疾病及农业灾害的监测、预报和预防；农产品生产过程中的检验、检测、监测技术服务；农业资源、农业生态安全和农业投入品的监测服务；农业技术宣传和培训服务等。

科研机构、院校等农业科研单位和服务单位，应当按照自身发展宗旨，加强农业技术推广服务。当前，要通过加强科研成果的推广，提升科技成果转化率，调动科研人员积极性，将科研人员为农服务的实绩作为考核和职称评定的依据。

合作社、企业、社会组织等各类经营性单位，应结合自身优势和农业生产经营获得需要，以及农业标准化生产、农业技术推广应用等服务。

● 如何完善农业技术推广体系的发展机制？

对于政府农业技术推广机构人员，要从考评机制、考评与绩效挂钩等方面不断改革完善，以提升农业科技推广人员的工作积极性，提高公益性服务的质量和效果，提高农民的满意度。对于科研人员，国家在经费支持、科研成果转化、科研成果推广应用等方面给予支持和鼓励，并将成果推广应用作为工作考核和职称评定的依据。同时，要完善知识产权保护制度，建立农业科研成果参与利益分享机制，激励科研成果的转化推广应用。对农民专业合作社、涉农企业、其他社会组织等，重点为其技术推广提供良好政策环境，鼓励经营性技术推广服务机构与农民通过订单农业、统购统销、技术入股等方式建立利益分享机制，加快新型农业技术的推广应用。

● 什么是质量认证？为什么要开展农产品质量安全认证？

质量认证，是指第三方依据程序对产品、过程或服务符合相关规定标准要求的给予书面证明，是依据程序开展的科学、规范、正规的由第三方从事的活动。质量认证的对象是产品时，叫作产品认证；质量认证的对象是质量体系（过程或服务）时，叫作体系认证。

我国农业是国民经济基础产业，事关经济可持续发展和人民生命安全，但在市场快速发展的同时，农产品质量安全问题也逐渐突出。从政府角度，农产品质量安全认证为社会和消费者提供参考依据和标准，促进标准化生产，提高农产品档次，提升政府质量监督管理水平，推进农业结构调整，增加农民收入；从消费者角度，农产品质量安全认证通过对农产品产地环境、投入品、生产环境、加工运输、市场准入等环节的控制，有利于保护农业生态环境，规范市场经济秩序，保护消费者利益；从企业角度，农产品质量安全认证有利于推动优质农产品的生产和加工，使产品内在的品质信息外部化，提升企业的形象和品牌价值，增强农产品的市场竞争力。

● **我国的农产品质量安全认证有哪些？成效如何？**

我国目前的农产品质量认证种类较多，在产品认证方面主要有无公害农产品产地认定、无公害农产品认证、绿色食品认证、有机农产品认证和 QS 质量安全认证等；在体系认证方面主要有危害分析与关键控制点（HACCP）认证、食品良好生产规范（GMP）认证、卫生标准操作规范（SSOP）认证、中国良好农业规范（China GAP）认证、ISO 9000 体系认证等。从趋势看，农产品质量认证正由原来的注重最终产品合格转向注重过程管理，要求从种植、养殖环节就开始规范、安全、可靠，实现农产品质量安全"从农场到餐桌"全过程控制。

截至 2021 年底，我国经认证的绿色食品有 5.1 万个，有机农产品 4584 个，取得了显著的成果。与此同时，目前我国公众对农产品质量认证体系的认识尚存不足，行业协会和私人研究机构参与不够，认证咨询机构的公信力有待提升。应加强认证体系推广，同时加强在农产品生产、加工、销售、运输过程中的严格控制。

● **我国农村电子商务服务的作用如何？**

电子商务最重要的功能是促进和便利商品交易，实现产销对接。由于我国特殊的国情、农情，特别是统分结合双层经营体制下小农户为主的生产方式，生产的不均衡、信息的不对称，造成了农产品生产与市场销售的有效衔接不足。尤其是在我国中西部地区或山区，传统农户生产规模相对较小，要素投入不足，设施相对落后，信息相对封闭，在与城乡市场的衔接中面临诸多困难。通过农村电子商务服务，发挥其联通生产消费、城市乡村、国内国外的优势，不仅有利于促进农产品产销对接，激发消费活力，而且有助于提升产品的标准化、品牌化，实现规模增长和品质提升，带动产业链发展，增加农民就业机会和收入。此外，农村电子商务服务还能推动乡村数字化建设，促进农业数字化基础设施建设，促进城乡融合。

◉ 我国农村电子商务发展的趋势和成效如何？

近年来，随着农村经济和现代信息技术的发展，农村电商保持良好发展势头。工业品下乡、农产品进城的农村电商双向流通格局得到巩固提升，直播电商、社区电商、兴趣电商等新型电商模式不断创新发展，农村电商继续保持乡村数字经济"领头羊"地位。"互联网+"农产品出村进城工程、"数商兴农"工程深入实施，中国农民丰收节金秋消费季、"数商兴农"专场促销活动等扎实推进，有力促进了产销对接。统计数据显示，2021 年，全国农产品网络零售额达 4221 亿元，直播带货等模式迅速发展；36.3% 的市级以上重点农业龙头企业通过电商开展销售。"快递进村"比例超过 80%，2021 年，农村地区收投快递包裹总量达 370 亿件。

◉ 如何推动我国农村电子商务服务更好更快发展？

近年来，我国农村电子商务服务取得了迅速的发展，发挥了重要的作用。但相对于城市电商，我国的农村电商服务业发展仍较为滞后，服务商数量和水平不能满足发展需要。一方面，软件开发、营销运营、摄影美工、仓储物流、追溯防伪等产业链环节缺乏优秀的服务主体和人员，影响了农村电商的长效发展；另一方面，农村电商基础设施仍存短板，物流设施网点不足，快递"最后一公里"问题依然存在，快递进村比例待提升，资源整合不够，快递费用较高等。农村地区冷链物流发展较为滞后，农产品，尤其是生鲜农产品上行受到原产地预冷贮藏、分拣加工设施不足等方面的制约。

为此，我国应进一步完善农村电子商务发展政策，推动农村电子商务经营者为农户和其他主体提供更加优质的服务，促进小农户与市场有效衔接。一是推动地方政府、电商平台、培训机构加强合作，完善对电商人才的培训和服务体系建设，推动电商平台成为连接生产和消费的桥梁纽带。二是加快仓储物流体系建设，尤其是完善冷链配送体系；完善农村电商服务站点，优化乡村货仓节点建设，增强益农信息社、村邮站、供销社等的服务能力，降低农产品物流成本，缩短配送时间，为产品上行提供更多便利。三是推动电商与新型农业生产经营者融合发展，将服务渗透到生产、加工、流通等各个环节，建立适合不同主体的服务体系。四是为农村电商经营者提供运营指导、事务代办、交流培训、品牌创建等公共服务，提供相应的土地、金融、保险等方面支持。

◉ 如何建立健全有效的农村金融服务体系？

一是坚持"多层次"，就是要在农村地区形成以银行业金融机构为主，包括保险、证券、担保、小贷公司在内的多层次的金融服务机构，增强农村金融服务综合供给能力。

二是坚持"分类别"，就是按照金融机构的类型，形成政策性、商业性、合作型涉农金融机构，既有区别又相融合的农村金融服务体系。政策性金融机构应发挥资金规模优势，发挥好在粮棉油收储中的主导作用，为多元主体入市收购农产品提供有力支持；商业银行应创新金融产品和服务模式，加大对龙头企业等新型经营主体的信贷投放力度；农村商业银行、农村合作银行、农村信用社、村镇银行等农村中小金融机构应将新增可贷资金主要为本地农业农村农民服务，发挥网点覆盖优势，支持农村中小企业发展和农户生产。

三是坚持"广覆盖"，就是引导各金融机构的网点深入乡村，增设网点，布设便民服务设备，发展普惠金融，开发符合各类农产品生产周期和经营特点的金融产品，满足农户和各类新型农业经营主体在存款、贷款、汇款和保险等方面的金融服务需求。

四是坚持"堵短板"，就是瞄准农业生产经营中的薄弱环节，加强对相应的经营主体和农户的支持与服务。重点支持新型农业经营主体和农户购买农业生产资料、购置农机具、从事农田整理、农田水利、大棚等基础设施建设维修等生产用途，支持发展多种形式规模经营。

五是坚持"可持续"，就是涉农金融机构按照职能定位，既体现市场规则，又体现社会责任，根据实际需求创新产品和服务，持续为乡村各经营主体和农户提供金融服务。

六是"简程序"，就是在确保风险可控的前提下，开辟各类"绿色通道"，采取各类灵活方式，提高信贷投放效率，为新型经营主体和农户解决"贷款难"等问题。

● 我国对农业保险服务的支持政策是怎样的？

2013年，我国发布并实施《农业保险条例》，开始推进农业保险扩面、增品、提标工作。之后的十年间，我国农业保险政策体系逐步完善，农业再保险体系初步建立。

中央财政农业保险保费补贴品种不断增加。在最初确定的粮棉油糖作物和生猪、奶牛、森林之外，增加了牦牛、藏系羊、土豆、天然橡胶以及三大粮食制种。截至2021年底，中央财政保费补贴目录扩展至16个大宗农产品，地方财政支持开展的农产品保险品种超过260个，形成了"大宗农产品+地方优势特色品种"的完整农业保险保费补贴品种体系，满足不同种植农户的风险保障需求。

中央和地方农业保险财政补贴比例提升。财政部2021年修订印发的《中央财政农业保险保费补贴管理办法》提出，在省级财政至少补贴25%的基础上，中央财政对中西部和东部地区种植业分别补贴45%和35%，养殖业分别补贴50%和40%，对公益林和商品林分别补贴50%和30%。对产粮大县水稻、玉米、小麦三大粮食作物保险进一步加大支持力度，将产粮大县覆盖范围由前期6个省24个县逐步扩展到13个粮食主要生产省份的所有产粮大县。2021年，中央和地方农业保险财政补贴从2007年的40.6亿元增长到746.44亿元。

期货市场功能发挥和农业风险管理有效结合。鼓励发展"保险+期货"，带动新型农业经营主体通过金融工具规避价格风险，保障收益，实现稳定发展。财政部和8家金融机构联合发起设立中国农业再保险股份有限公司，2020年正式成立，我国农业保险高质量、高速度发展的趋势基本确立。

附件 1 政策文件

附件 1-1
中华人民共和国农村土地承包法

（2002年8月29日第九届全国人民代表大会常务委员会第二十九次会议通过 2002年8月29日中华人民共和国主席令第七十三号公布 根据2009年8月27日第十一届全国人民代表大会常务委员会第十次会议《关于修改部分法律的决定》第一次修正 根据2018年12月29日第十三届全国人民代表大会常务委员会第七次会议《关于修改〈中华人民共和国农村土地承包法〉的决定》第二次修正）

第一章 总 则

第一条 为了巩固和完善以家庭承包经营为基础、统分结合的双层经营体制，保持农村土地承包关系稳定并长久不变，维护农村土地承包经营当事人的合法权益，促进农业、农村经济发展和农村社会和谐稳定，根据宪法，制定本法。

第二条 本法所称农村土地，是指农民集体所有和国家所有依法由农民集体使用的耕地、林地、草地，以及其他依法用于农业的土地。

第三条 国家实行农村土地承包经营制度。

农村土地承包采取农村集体经济组织内部的家庭承包方式，不宜采取家庭承包方式的荒山、荒沟、荒丘、荒滩等农村土地，可以采取招标、拍卖、公开协商等方式承包。

第四条 农村土地承包后，土地的所有权性质不变。承包地不得买卖。

第五条 农村集体经济组织成员有权依法承包由本集体经济组织发包的农村土地。

任何组织和个人不得剥夺和非法限制农村集体经济组织成员承包土地的权利。

第六条 农村土地承包，妇女与男子享有平等的权利。承包中应当保护妇女的合法权益，任何组织和个人不得剥夺、侵害妇女应当享有的土地承包经营权。

第七条 农村土地承包应当坚持公开、公平、公正的原则，正确处理国家、集体、个人三者的利益关系。

第八条 国家保护集体土地所有者的合法权益，保护承包方的土地承包经营权，任何组织和个人不得侵犯。

第九条 承包方承包土地后，享有土地承包经营权，可以自己经营，也可以保留土地承包权，流转其承包地的土地经营权，由他人经营。

第十条 国家保护承包方依法、自愿、有偿流转土地经营权，保护土地经营权人的合法权益，任何组织和个人不得侵犯。

第十一条 农村土地承包经营应当遵守法律、法规，保护土地资源的合理开发和可持续利用。未经依法批准不得将承包地用于非农建设。

国家鼓励增加对土地的投入，培肥地力，提高农业生产能力。

第十二条 国务院农业农村、林业和草原主管部门分别依照国务院规定的职责负责全国农村土地承包经营及承包经营合同管理的指导。

县级以上地方人民政府农业农村、林业和草原等主管部门分别依照各自职责,负责本行政区域内农村土地承包经营及承包经营合同管理。

乡(镇)人民政府负责本行政区域内农村土地承包经营及承包经营合同管理。

第二章　家庭承包

第一节　发包方和承包方的权利和义务

第十三条　农民集体所有的土地依法属于村农民集体所有的,由村集体经济组织或者村民委员会发包;已经分别属于村内两个以上农村集体经济组织的农民集体所有的,由村内各该农村集体经济组织或者村民小组发包。村集体经济组织或者村民委员会发包的,不得改变村内各集体经济组织农民集体所有的土地的所有权。

国家所有依法由农民集体使用的农村土地,由使用该土地的农村集体经济组织、村民委员会或者村民小组发包。

第十四条　发包方享有下列权利:

(一)发包本集体所有的或者国家所有依法由本集体使用的农村土地;

(二)监督承包方依照承包合同约定的用途合理利用和保护土地;

(三)制止承包方损害承包地和农业资源的行为;

(四)法律、行政法规规定的其他权利。

第十五条　发包方承担下列义务：

（一）维护承包方的土地承包经营权，不得非法变更、解除承包合同；

（二）尊重承包方的生产经营自主权，不得干涉承包方依法进行正常的生产经营活动；

（三）依照承包合同约定为承包方提供生产、技术、信息等服务；

（四）执行县、乡（镇）土地利用总体规划，组织本集体经济组织内的农业基础设施建设；

（五）法律、行政法规规定的其他义务。

第十六条　家庭承包的承包方是本集体经济组织的农户。

农户内家庭成员依法平等享有承包土地的各项权益。

第十七条　承包方享有下列权利：

（一）依法享有承包地使用、收益的权利，有权自主组织生产经营和处置产品；

（二）依法互换、转让土地承包经营权；

（三）依法流转土地经营权；

（四）承包地被依法征收、征用、占用的，有权依法获得相应的补偿；

（五）法律、行政法规规定的其他权利。

第十八条　承包方承担下列义务：

（一）维持土地的农业用途，未经依法批准不得用于非农建设；

（二）依法保护和合理利用土地，不得给土地造成永久性损害；

（三）法律、行政法规规定的其他义务。

第二节 承包的原则和程序

第十九条 土地承包应当遵循以下原则：

（一）按照规定统一组织承包时，本集体经济组织成员依法平等地行使承包土地的权利，也可以自愿放弃承包土地的权利；

（二）民主协商，公平合理；

（三）承包方案应当按照本法第十三条的规定，依法经本集体经济组织成员的村民会议三分之二以上成员或者三分之二以上村民代表的同意；

（四）承包程序合法。

第二十条 土地承包应当按照以下程序进行：

（一）本集体经济组织成员的村民会议选举产生承包工作小组；

（二）承包工作小组依照法律、法规的规定拟订并公布承包方案；

（三）依法召开本集体经济组织成员的村民会议，讨论通过承包方案；

（四）公开组织实施承包方案；

（五）签订承包合同。

第三节 承包期限和承包合同

第二十一条 耕地的承包期为三十年。草地的承包期为三十年至五十年。林地的承包期为三十年至七十年。

前款规定的耕地承包期届满后再延长三十年，草地、林地承包期届满后依照前款规定相应延长。

第二十二条 发包方应当与承包方签订书面承包合同。

承包合同一般包括以下条款：

（一）发包方、承包方的名称，发包方负责人和承包方代表的姓名、住所；

（二）承包土地的名称、坐落、面积、质量等级；

（三）承包期限和起止日期；

（四）承包土地的用途；

（五）发包方和承包方的权利和义务；

（六）违约责任。

第二十三条　承包合同自成立之日起生效。承包方自承包合同生效时取得土地承包经营权。

第二十四条　国家对耕地、林地和草地等实行统一登记，登记机构应当向承包方颁发土地承包经营权证或者林权证等证书，并登记造册，确认土地承包经营权。

土地承包经营权证或者林权证等证书应当将具有土地承包经营权的全部家庭成员列入。

登记机构除按规定收取证书工本费外，不得收取其他费用。

第二十五条　承包合同生效后，发包方不得因承办人或者负责人的变动而变更或者解除，也不得因集体经济组织的分立或者合并而变更或者解除。

第二十六条　国家机关及其工作人员不得利用职权干涉农村土地承包或者变更、解除承包合同。

第四节　土地承包经营权的保护和互换、转让

第二十七条　承包期内，发包方不得收回承包地。

国家保护进城农户的土地承包经营权。不得以退出土地承包经营权作为农户进城落户的条件。

承包期内,承包农户进城落户的,引导支持其按照自愿有偿原则依法在本集体经济组织内转让土地承包经营权或者将承包地交回发包方,也可以鼓励其流转土地经营权。

承包期内,承包方交回承包地或者发包方依法收回承包地时,承包方对其在承包地上投入而提高土地生产能力的,有权获得相应的补偿。

第二十八条 承包期内,发包方不得调整承包地。

承包期内,因自然灾害严重毁损承包地等特殊情形对个别农户之间承包的耕地和草地需要适当调整的,必须经本集体经济组织成员的村民会议三分之二以上成员或者三分之二以上村民代表的同意,并报乡(镇)人民政府和县级人民政府农业农村、林业和草原等主管部门批准。承包合同中约定不得调整的,按照其约定。

第二十九条 下列土地应当用于调整承包土地或者承包给新增人口:

(一)集体经济组织依法预留的机动地;

(二)通过依法开垦等方式增加的;

(三)发包方依法收回和承包方依法、自愿交回的。

第三十条 承包期内,承包方可以自愿将承包地交回发包方。承包方自愿交回承包地的,可以获得合理补偿,但是应当提前半年以书面形式通知发包方。承包方在承包期内交回承包地的,在承包期内不得再要求承包土地。

第三十一条 承包期内,妇女结婚,在新居住地未取得承包地的,发包方不得收回其原承包地;妇女离婚或者丧偶,仍在原居住地生活或者不在原居住地生活但在新居住地未取得承包地的,发包方不得收回其原承包地。

第三十二条　承包人应得的承包收益，依照继承法的规定继承。林地承包的承包人死亡，其继承人可以在承包期内继续承包。

第三十三条　承包方之间为方便耕种或者各自需要，可以对属于同一集体经济组织的土地的土地承包经营权进行互换，并向发包方备案。

第三十四条　经发包方同意，承包方可以将全部或者部分的土地承包经营权转让给本集体经济组织的其他农户，由该农户同发包方确立新的承包关系，原承包方与发包方在该土地上的承包关系即行终止。

第三十五条　土地承包经营权互换、转让的，当事人可以向登记机构申请登记。未经登记，不得对抗善意第三人。

第五节　土地经营权

第三十六条　承包方可以自主决定依法采取出租（转包）、入股或者其他方式向他人流转土地经营权，并向发包方备案。

第三十七条　土地经营权人有权在合同约定的期限内占有农村土地，自主开展农业生产经营并取得收益。

第三十八条　土地经营权流转应当遵循以下原则：

（一）依法、自愿、有偿，任何组织和个人不得强迫或者阻碍土地经营权流转；

（二）不得改变土地所有权的性质和土地的农业用途，不得破坏农业综合生产能力和农业生态环境；

（三）流转期限不得超过承包期的剩余期限；

（四）受让方须有农业经营能力或者资质；

（五）在同等条件下，本集体经济组织成员享有优先权。

第三十九条　土地经营权流转的价款，应当由当事人双方协商确定。流转的收益归承包方所有，任何组织和个人不得擅自截留、扣缴。

第四十条　土地经营权流转，当事人双方应当签订书面流转合同。土地经营权流转合同一般包括以下条款：

（一）双方当事人的姓名、住所；

（二）流转土地的名称、坐落、面积、质量等级；

（三）流转期限和起止日期；

（四）流转土地的用途；

（五）双方当事人的权利和义务；

（六）流转价款及支付方式；

（七）土地被依法征收、征用、占用时有关补偿费的归属；

（八）违约责任。

承包方将土地交由他人代耕不超过一年的，可以不签订书面合同。

第四十一条　土地经营权流转期限为五年以上的，当事人可以向登记机构申请土地经营权登记。未经登记，不得对抗善意第三人。

第四十二条　承包方不得单方解除土地经营权流转合同，但受让方有下列情形之一的除外：

（一）擅自改变土地的农业用途；

（二）弃耕抛荒连续两年以上；

（三）给土地造成严重损害或者严重破坏土地生态环境；

（四）其他严重违约行为。

第四十三条　经承包方同意，受让方可以依法投资改良土壤，建设农业生产附属、配套设施，并按照合同约定对其投资部分获得合理补偿。

第四十四条　承包方流转土地经营权的，其与发包方的承包关系不变。

第四十五条　县级以上地方人民政府应当建立工商企业等社会资本通过流转取得土地经营权的资格审查、项目审核和风险防范制度。

工商企业等社会资本通过流转取得土地经营权的，本集体经济组织可以收取适量管理费用。

具体办法由国务院农业农村、林业和草原主管部门规定。

第四十六条　经承包方书面同意，并向本集体经济组织备案，受让方可以再流转土地经营权。

第四十七条　承包方可以用承包地的土地经营权向金融机构融资担保，并向发包方备案。受让方通过流转取得的土地经营权，经承包方书面同意并向发包方备案，可以向金融机构融资担保。

担保物权自融资担保合同生效时设立。当事人可以向登记机构申请登记；未经登记，不得对抗善意第三人。

实现担保物权时，担保物权人有权就土地经营权优先受偿。

土地经营权融资担保办法由国务院有关部门规定。

第三章　其他方式的承包

第四十八条　不宜采取家庭承包方式的荒山、荒沟、荒丘、荒滩等农村土地，通过招标、拍卖、公开协商等方式承包的，适用本章规定。

第四十九条 以其他方式承包农村土地的,应当签订承包合同,承包方取得土地经营权。当事人的权利和义务、承包期限等,由双方协商确定。以招标、拍卖方式承包的,承包费通过公开竞标、竞价确定;以公开协商等方式承包的,承包费由双方议定。

第五十条 荒山、荒沟、荒丘、荒滩等可以直接通过招标、拍卖、公开协商等方式实行承包经营,也可以将土地经营权折股分给本集体经济组织成员后,再实行承包经营或者股份合作经营。

承包荒山、荒沟、荒丘、荒滩的,应当遵守有关法律、行政法规的规定,防止水土流失,保护生态环境。

第五十一条 以其他方式承包农村土地,在同等条件下,本集体经济组织成员有权优先承包。

第五十二条 发包方将农村土地发包给本集体经济组织以外的单位或者个人承包,应当事先经本集体经济组织成员的村民会议三分之二以上成员或者三分之二以上村民代表的同意,并报乡(镇)人民政府批准。

由本集体经济组织以外的单位或者个人承包的,应当对承包方的资信情况和经营能力进行审查后,再签订承包合同。

第五十三条 通过招标、拍卖、公开协商等方式承包农村土地,经依法登记取得权属证书的,可以依法采取出租、入股、抵押或者其他方式流转土地经营权。

第五十四条 依照本章规定通过招标、拍卖、公开协商等方式取得土地经营权的,该承包人死亡,其应得的承包收益,依照继承法的规定继承;在承包期内,其继承人可以继续承包。

第四章 争议的解决和法律责任

第五十五条 因土地承包经营发生纠纷的，双方当事人可以通过协商解决，也可以请求村民委员会、乡（镇）人民政府等调解解决。

当事人不愿协商、调解或者协商、调解不成的，可以向农村土地承包仲裁机构申请仲裁，也可以直接向人民法院起诉。

第五十六条 任何组织和个人侵害土地承包经营权、土地经营权的，应当承担民事责任。

第五十七条 发包方有下列行为之一的，应当承担停止侵害、排除妨碍、消除危险、返还财产、恢复原状、赔偿损失等民事责任：

（一）干涉承包方依法享有的生产经营自主权；

（二）违反本法规定收回、调整承包地；

（三）强迫或者阻碍承包方进行土地承包经营权的互换、转让或者土地经营权流转；

（四）假借少数服从多数强迫承包方放弃或者变更土地承包经营权；

（五）以划分"口粮田"和"责任田"等为由收回承包地搞招标承包；

（六）将承包地收回抵顶欠款；

（七）剥夺、侵害妇女依法享有的土地承包经营权；

（八）其他侵害土地承包经营权的行为。

第五十八条 承包合同中违背承包方意愿或者违反法律、行政法规有关不得收回、调整承包地等强制性规定的约定无效。

第五十九条 当事人一方不履行合同义务或者履行义务不符合

约定的，应当依法承担违约责任。

第六十条　任何组织和个人强迫进行土地承包经营权互换、转让或者土地经营权流转的，该互换、转让或者流转无效。

第六十一条　任何组织和个人擅自截留、扣缴土地承包经营权互换、转让或者土地经营权流转收益的，应当退还。

第六十二条　违反土地管理法规，非法征收、征用、占用土地或者贪污、挪用土地征收、征用补偿费用，构成犯罪的，依法追究刑事责任；造成他人损害的，应当承担损害赔偿等责任。

第六十三条　承包方、土地经营权人违法将承包地用于非农建设的，由县级以上地方人民政府有关主管部门依法予以处罚。

承包方给承包地造成永久性损害的，发包方有权制止，并有权要求赔偿由此造成的损失。

第六十四条　土地经营权人擅自改变土地的农业用途、弃耕抛荒连续两年以上、给土地造成严重损害或者严重破坏土地生态环境，承包方在合理期限内不解除土地经营权流转合同的，发包方有权要求终止土地经营权流转合同。土地经营权人对土地和土地生态环境造成的损害应当予以赔偿。

第六十五条　国家机关及其工作人员有利用职权干涉农村土地承包经营，变更、解除承包经营合同，干涉承包经营当事人依法享有的生产经营自主权，强迫、阻碍承包经营当事人进行土地承包经营权互换、转让或者土地经营权流转等侵害土地承包经营权、土地经营权的行为，给承包经营当事人造成损失的，应当承担损害赔偿等责任；情节严重的，由上级机关或者所在单位给予直接责任人员处分；构成犯罪的，依法追究刑事责任。

第五章　附　则

第六十六条　本法实施前已经按照国家有关农村土地承包的规定承包，包括承包期限长于本法规定的，本法实施后继续有效，不得重新承包土地。未向承包方颁发土地承包经营权证或者林权证等证书的，应当补发证书。

第六十七条　本法实施前已经预留机动地的，机动地面积不得超过本集体经济组织耕地总面积的百分之五。不足百分之五的，不得再增加机动地。

本法实施前未留机动地的，本法实施后不得再留机动地。

第六十八条　各省、自治区、直辖市人民代表大会常务委员会可以根据本法，结合本行政区域的实际情况，制定实施办法。

第六十九条　确认农村集体经济组织成员身份的原则、程序等，由法律、法规规定。

第七十条　本法自 2003 年 3 月 1 日起施行。

附件 1-2
农村土地经营权流转管理办法

第一章　总　则

第一条　为了规范农村土地经营权（以下简称土地经营权）流转行为，保障流转当事人合法权益，加快农业农村现代化，维护农村社会和谐稳定，根据《中华人民共和国农村土地承包法》等法律及有关规定，制定本办法。

第二条　土地经营权流转应当坚持农村土地农民集体所有、农户家庭承包经营的基本制度，保持农村土地承包关系稳定并长久不变，遵循依法、自愿、有偿原则，任何组织和个人不得强迫或者阻碍承包方流转土地经营权。

第三条　土地经营权流转不得损害农村集体经济组织和利害关系人的合法权益，不得破坏农业综合生产能力和农业生态环境，不得改变承包土地的所有权性质及其农业用途，确保农地农用，优先用于粮食生产，制止耕地"非农化"、防止耕地"非粮化"。

第四条　土地经营权流转应当因地制宜、循序渐进，把握好流转、集中、规模经营的度，流转规模应当与城镇化进程和农村劳动力转移规模相适应，与农业科技进步和生产手段改进程度相适应，与农业社会化服务水平提高相适应，鼓励各地建立多种形式的土地经营权流转风险防范和保障机制。

第五条　农业农村部负责全国土地经营权流转及流转合同管理的指导。

县级以上地方人民政府农业农村主管（农村经营管理）部门依照职责，负责本行政区域内土地经营权流转及流转合同管理。

乡（镇）人民政府负责本行政区域内土地经营权流转及流转合同管理。

第二章　流转当事人

第六条　承包方在承包期限内有权依法自主决定土地经营权是否流转，以及流转对象、方式、期限等。

第七条　土地经营权流转收益归承包方所有，任何组织和个人不得擅自截留、扣缴。

第八条　承包方自愿委托发包方、中介组织或者他人流转其土地经营权的，应当由承包方出具流转委托书。委托书应当载明委托的事项、权限和期限等，并由委托人和受托人签字或者盖章。

没有承包方的书面委托，任何组织和个人无权以任何方式决定流转承包方的土地经营权。

第九条　土地经营权流转的受让方应当为具有农业经营能力或者资质的组织和个人。在同等条件下，本集体经济组织成员享有优先权。

第十条　土地经营权流转的方式、期限、价款和具体条件，由流转双方平等协商确定。流转期限届满后，受让方享有以同等条件优先续约的权利。

第十一条　受让方应当依照有关法律法规保护土地，禁止改变土地的农业用途。禁止闲置、荒芜耕地，禁止占用耕地建窑、建坟或者擅自在耕地上建房、挖砂、采石、采矿、取土等。禁止占用永久基本农田发展林果业和挖塘养鱼。

第十二条　受让方将流转取得的土地经营权再流转以及向金融机构融资担保的，应当事先取得承包方书面同意，并向发包方备案。

第十三条　经承包方同意，受让方依法投资改良土壤，建设农业生产附属、配套设施，及农业生产中直接用于作物种植和畜禽水产养殖设施的，土地经营权流转合同到期或者未到期由承包方依法提前收回承包土地时，受让方有权获得合理补偿。具体补偿办法可在土地经营权流转合同中约定或者由双方协商确定。

第三章　流转方式

第十四条　承包方可以采取出租（转包）、入股或者其他符合有关法律和国家政策规定的方式流转土地经营权。

出租（转包），是指承包方将部分或者全部土地经营权，租赁给他人从事农业生产经营。

入股，是指承包方将部分或者全部土地经营权作价出资，成为公司、合作经济组织等股东或者成员，并用于农业生产经营。

第十五条　承包方依法采取出租（转包）、入股或者其他方式将土地经营权部分或者全部流转的，承包方与发包方的承包关系不变，双方享有的权利和承担的义务不变。

第十六条　承包方自愿将土地经营权入股公司发展农业产业化经营的，可以采取优先股等方式降低承包方风险。公司解散时入股土地应当退回原承包方。

第四章　流转合同

第十七条　承包方流转土地经营权，应当与受让方在协商一致的基础上签订书面流转合同，并向发包方备案。

承包方将土地交由他人代耕不超过一年的，可以不签订书面合同。

第十八条　承包方委托发包方、中介组织或者他人流转土地经营权的，流转合同应当由承包方或者其书面委托的受托人签订。

第十九条　土地经营权流转合同一般包括以下内容：

（一）双方当事人的姓名或者名称、住所、联系方式等；

（二）流转土地的名称、四至、面积、质量等级、土地类型、地块代码等；

（三）流转的期限和起止日期；

（四）流转方式；

（五）流转土地的用途；

（六）双方当事人的权利和义务；

（七）流转价款或者股份分红，以及支付方式和支付时间；

（八）合同到期后地上附着物及相关设施的处理；

（九）土地被依法征收、征用、占用时有关补偿费的归属；

（十）违约责任。

土地经营权流转合同示范文本由农业农村部制定。

第二十条　承包方不得单方解除土地经营权流转合同，但受让方有下列情形之一的除外：

（一）擅自改变土地的农业用途；

（二）弃耕抛荒连续两年以上；

（三）给土地造成严重损害或者严重破坏土地生态环境；

（四）其他严重违约行为。

有以上情形，承包方在合理期限内不解除土地经营权流转合同的，发包方有权要求终止土地经营权流转合同。

受让方对土地和土地生态环境造成的损害应当依法予以赔偿。

第五章　流转管理

第二十一条　发包方对承包方流转土地经营权、受让方再流转土地经营权以及承包方、受让方利用土地经营权融资担保的，应当办理备案，并报告乡（镇）人民政府农村土地承包管理部门。

第二十二条　乡（镇）人民政府农村土地承包管理部门应当向

达成流转意向的双方提供统一文本格式的流转合同，并指导签订。流转合同中有违反法律法规的，应当及时予以纠正。

第二十三条　乡（镇）人民政府农村土地承包管理部门应当建立土地经营权流转台账，及时准确记载流转情况。

第二十四条　乡（镇）人民政府农村土地承包管理部门应当对土地经营权流转有关文件、资料及流转合同等进行归档并妥善保管。

第二十五条　鼓励各地建立土地经营权流转市场或者农村产权交易市场。县级以上地方人民政府农业农村主管（农村经营管理）部门应当加强业务指导，督促其建立健全运行规则，规范开展土地经营权流转政策咨询、信息发布、合同签订、交易鉴证、权益评估、融资担保、档案管理等服务。

第二十六条　县级以上地方人民政府农业农村主管（农村经营管理）部门应当按照统一标准和技术规范建立国家、省、市、县等互联互通的农村土地承包信息应用平台，健全土地经营权流转合同网签制度，提升土地经营权流转规范化、信息化管理水平。

第二十七条　县级以上地方人民政府农业农村主管（农村经营管理）部门应当加强对乡（镇）人民政府农村土地承包管理部门工作的指导。乡（镇）人民政府农村土地承包管理部门应当依法开展土地经营权流转的指导和管理工作。

第二十八条　县级以上地方人民政府农业农村主管（农村经营管理）部门应当加强服务，鼓励受让方发展粮食生产；鼓励和引导工商企业等社会资本（包括法人、非法人组织或者自然人等）发展适合企业化经营的现代种养业。

县级以上地方人民政府农业农村主管（农村经营管理）部门应

当根据自然经济条件、农村劳动力转移情况、农业机械化水平等因素，引导受让方发展适度规模经营，防止垒大户。

第二十九条　县级以上地方人民政府对工商企业等社会资本流转土地经营权，依法建立分级资格审查和项目审核制度。审查审核的一般程序如下：

（一）受让主体与承包方就流转面积、期限、价款等进行协商并签订流转意向协议书。涉及未承包到户集体土地等集体资源的，应当按照法定程序经本集体经济组织成员的村民会议三分之二以上成员或者三分之二以上村民代表的同意，并与集体经济组织签订流转意向协议书。

（二）受让主体按照分级审查审核规定，分别向乡（镇）人民政府农村土地承包管理部门或者县级以上地方人民政府农业农村主管（农村经营管理）部门提出申请，并提交流转意向协议书、农业经营能力或者资质证明、流转项目规划等相关材料。

（三）县级以上地方人民政府或者乡（镇）人民政府应当依法组织相关职能部门、农村集体经济组织代表、农民代表、专家等就土地用途、受让主体农业经营能力，以及经营项目是否符合粮食生产等产业规划等进行审查审核，并于受理之日起20个工作日内作出审查审核意见。

（四）审查审核通过的，受让主体与承包方签订土地经营权流转合同。未按规定提交审查审核申请或者审查审核未通过的，不得开展土地经营权流转活动。

第三十条　县级以上地方人民政府依法建立工商企业等社会资本通过流转取得土地经营权的风险防范制度，加强事中事后监管，及时查处纠正违法违规行为。

鼓励承包方和受让方在土地经营权流转市场或者农村产权交易市场公开交易。

对整村（组）土地经营权流转面积较大、涉及农户较多、经营风险较高的项目，流转双方可以协商设立风险保障金。

鼓励保险机构为土地经营权流转提供流转履约保证保险等多种形式保险服务。

第三十一条　农村集体经济组织为工商企业等社会资本流转土地经营权提供服务的，可以收取适量管理费用。收取管理费用的金额和方式应当由农村集体经济组织、承包方和工商企业等社会资本三方协商确定。管理费用应当纳入农村集体经济组织会计核算和财务管理，主要用于农田基本建设或者其他公益性支出。

第三十二条　县级以上地方人民政府可以根据本办法，结合本行政区域实际，制定工商企业等社会资本通过流转取得土地经营权的资格审查、项目审核和风险防范实施细则。

第三十三条　土地经营权流转发生争议或者纠纷的，当事人可以协商解决，也可以请求村民委员会、乡（镇）人民政府等进行调解。

当事人不愿意协商、调解或者协商、调解不成的，可以向农村土地承包仲裁机构申请仲裁，也可以直接向人民法院提起诉讼。

第六章　附则

第三十四条　本办法所称农村土地，是指除林地、草地以外的，农民集体所有和国家所有依法由农民集体使用的耕地和其他用于农业的土地。

本办法所称农村土地经营权流转，是指在承包方与发包方承包关系保持不变的前提下，承包方依法在一定期限内将土地经营权部分或者全部交由他人自主开展农业生产经营的行为。

第三十五条 通过招标、拍卖和公开协商等方式承包荒山、荒沟、荒丘、荒滩等农村土地，经依法登记取得权属证书的，可以流转土地经营权，其流转管理参照本办法执行。

第三十六条 本办法自2021年3月1日起施行。农业部2005年1月19日发布的《农村土地承包经营权流转管理办法》（农业部令第47号）同时废止。

附件1-3
关于引导农村土地经营权有序流转发展农业适度规模经营的意见

伴随我国工业化、信息化、城镇化和农业现代化进程，农村劳动力大量转移，农业物质技术装备水平不断提高，农户承包土地的经营权流转明显加快，发展适度规模经营已成为必然趋势。实践证明，土地流转和适度规模经营是发展现代农业的必由之路，有利于优化土地资源配置和提高劳动生产率，有利于保障粮食安全和主要农产品供给，有利于促进农业技术推广应用和农业增效、农民增收，应从我国人多地少、农村情况千差万别的实际出发，积极稳妥地推进。为引导农村土地（指承包耕地）经营权有序流转、发展农业适度规模经营，现提出如下意见。

一、总体要求

（一）指导思想。全面理解、准确把握中央关于全面深化农村改革的精神，按照加快构建以农户家庭经营为基础、合作与联合为纽带、社会化服务为支撑的立体式复合型现代农业经营体系和走生产技术先进、经营规模适度、市场竞争力强、生态环境可持续的中国特色新型农业现代化道路的要求，以保障国家粮食安全、促进农业增效和农民增收为目标，坚持农村土地集体所有，实现所有权、承包权、经营权三权分置，引导土地经营权有序流转，坚持家庭经营的基础性地位，积极培育新型经营主体，发展多种形式的适度规模经营，巩固和完善农村基本经营制度。改革的方向要明，步子要稳，既要加大政策扶持力度，加强典型示范引导，鼓励创新农业经营体制机制，又要因地制宜、循序渐进，不能搞大跃进，不能搞强迫命令，不能搞行政瞎指挥，使农业适度规模经营发展与城镇化进程和农村劳动力转移规模相适应，与农业科技进步和生产手段改进程度相适应，与农业社会化服务水平提高相适应，让农民成为土地流转和规模经营的积极参与者和真正受益者，避免走弯路。

（二）基本原则

——坚持农村土地集体所有权，稳定农户承包权，放活土地经营权，以家庭承包经营为基础，推进家庭经营、集体经营、合作经营、企业经营等多种经营方式共同发展。

——坚持以改革为动力，充分发挥农民首创精神，鼓励创新，支持基层先行先试，靠改革破解发展难题。

——坚持依法、自愿、有偿，以农民为主体，政府扶持引导，市场配置资源，土地经营权流转不得违背承包农户意愿、不得损害农民权益、不得改变土地用途、不得破坏农业综合生产能力和农业生态环境。

——坚持经营规模适度,既要注重提升土地经营规模,又要防止土地过度集中,兼顾效率与公平,不断提高劳动生产率、土地产出率和资源利用率,确保农地农用,重点支持发展粮食规模化生产。

二、稳定完善农村土地承包关系

(三)健全土地承包经营权登记制度。建立健全承包合同取得权利、登记记载权利、证书证明权利的土地承包经营权登记制度,是稳定农村土地承包关系、促进土地经营权流转、发展适度规模经营的重要基础性工作。完善承包合同,健全登记簿,颁发权属证书,强化土地承包经营权物权保护,为开展土地流转、调处土地纠纷、完善补贴政策、进行征地补偿和抵押担保提供重要依据。建立健全土地承包经营权信息应用平台,方便群众查询,利于服务管理。土地承包经营权确权登记原则上确权到户到地,在尊重农民意愿的前提下,也可以确权确股不确地。切实维护妇女的土地承包权益。

(四)推进土地承包经营权确权登记颁证工作。按照中央统一部署、地方全面负责的要求,在稳步扩大试点的基础上,用5年左右时间基本完成土地承包经营权确权登记颁证工作,妥善解决农户承包地块面积不准、四至不清等问题。在工作中,各地要保持承包关系稳定,以现有承包台账、合同、证书为依据确认承包地归属;坚持依法规范操作,严格执行政策,按照规定内容和程序开展工作;充分调动农民群众积极性,依靠村民民主协商,自主解决矛盾纠纷;从实际出发,以农村集体土地所有权确权为基础,以第二次全国土地调查成果为依据，采用符合标准规范、农民群众认可的技术方法；坚持分级负责，强化县乡两级的责任，建立健全党委和政府统一领导、部门密切协作、群众广泛参与的工作机制；科学制定工作方案，明确时间表和路线图，确保工作质量。有关部门要加强调查研究，有针对性地提出操作性政策建议和具体工作指导意见。土地承包经营权确权登记颁证工作经费纳入地方财政预算，中央财政给予补助。

三、规范引导农村土地经营权有序流转

（五）鼓励创新土地流转形式。鼓励承包农户依法采取转包、出租、互换、转让及入股等方式流转承包地。鼓励有条件的地方制定扶持政策，引导农户长期流转承包地并促进其转移就业。鼓励农民在自愿前提下采取互换并地方式解决承包地细碎化问题。在同等条件下，本集体经济组织成员享有土地流转优先权。以转让方式流转承包地的，原则上应在本集体经济组织成员之间进行，且需经发包方同意。以其他形式流转的，应当依法报发包方备案。抓紧研究探索集体所有权、农户承包权、土地经营权在土地流转中的相互权利关系和具体实现形式。按照全国统一安排，稳步推进土地经营权抵押、担保试点，研究制定统一规范的实施办法，探索建立抵押资产处置机制。

（六）严格规范土地流转行为。土地承包经营权属于农民家庭，土地是否流转、价格如何确定、形式如何选择，应由承包农户自主决定，流转收益应归承包农户所有。流转期限应由流转双方在法律规定的范围内协商确定。没有农户的书面委托，农村基层组织无权以任何方式决定流转农户的承包地，更不能以少数服从多数的名义，

将整村整组农户承包地集中对外招商经营。防止少数基层干部私相授受，谋取私利。严禁通过定任务、下指标或将流转面积、流转比例纳入绩效考核等方式推动土地流转。

（七）加强土地流转管理和服务。有关部门要研究制定流转市场运行规范，加快发展多种形式的土地经营权流转市场。依托农村经营管理机构健全土地流转服务平台，完善县乡村三级服务和管理网络，建立土地流转监测制度，为流转双方提供信息发布、政策咨询等服务。土地流转服务主体可以开展信息沟通、委托流转等服务，但禁止层层转包从中牟利。土地流转给非本村（组）集体成员或村（组）集体受农户委托统一组织流转并利用集体资金改良土壤、提高地力的，可向本集体经济组织以外的流入方收取基础设施使用费和土地流转管理服务费，用于农田基本建设或其他公益性支出。引导承包农户与流入方签订书面流转合同，并使用统一的省级合同示范文本。依法保护流入方的土地经营权益，流转合同到期后流入方可在同等条件下优先续约。加强农村土地承包经营纠纷调解仲裁体系建设，健全纠纷调处机制，妥善化解土地承包经营流转纠纷。

（八）合理确定土地经营规模。各地要依据自然经济条件、农村劳动力转移情况、农业机械化水平等因素，研究确定本地区土地规模经营的适宜标准。防止脱离实际、违背农民意愿，片面追求超大规模经营的倾向。现阶段，对土地经营规模相当于当地户均承包地面积10至15倍、务农收入相当于当地二三产业务工收入的，应当给予重点扶持。创新规模经营方式，在引导土地资源适度集聚的同时，通过农民的合作与联合、开展社会化服务等多种形式，提升农业规模化经营水平。

（九）扶持粮食规模化生产。加大粮食生产支持力度，原有粮食直接补贴、良种补贴、农资综合补贴归属由承包农户与流入方协商确定，新增部分应向粮食生产规模经营主体倾斜。在有条件的地方开展按照实际粮食播种面积或产量对生产者补贴试点。对从事粮食规模化生产的农民合作社、家庭农场等经营主体，符合申报农机购置补贴条件的，要优先安排。探索选择运行规范的粮食生产规模经营主体开展目标价格保险试点。抓紧开展粮食生产规模经营主体营销贷款试点，允许用粮食作物、生产及配套辅助设施进行抵押融资。粮食品种保险要逐步实现粮食生产规模经营主体愿保尽保，并适当提高对产粮大县稻谷、小麦、玉米三大粮食品种保险的保费补贴比例。各地区各有关部门要研究制定相应配套办法，更好地为粮食生产规模经营主体提供支持服务。

（十）加强土地流转用途管制。坚持最严格的耕地保护制度，切实保护基本农田。严禁借土地流转之名违规搞非农建设。严禁在流转农地上建设或变相建设旅游度假村、高尔夫球场、别墅、私人会所等。严禁占用基本农田挖塘栽树及其他毁坏种植条件的行为。严禁破坏、污染、圈占闲置耕地和损毁农田基础设施。坚决查处通过"以租代征"违法违规进行非农建设的行为，坚决禁止擅自将耕地"非农化"。利用规划和标准引导设施农业发展，强化设施农用地的用途监管。采取措施保证流转土地用于农业生产，可以通过停发粮食直接补贴、良种补贴、农资综合补贴等办法遏制撂荒耕地的行为。在粮食主产区、粮食生产功能区、高产创建项目实施区，不符合产业规划的经营行为不再享受相关农业生产扶持政策。合理引导粮田流转价格，降低粮食生产成本，稳定粮食种植面积。

四、加快培育新型农业经营主体

（十一）发挥家庭经营的基础作用。在今后相当长时期内，普通农户仍占大多数，要继续重视和扶持其发展农业生产。重点培育以家庭成员为主要劳动力、以农业为主要收入来源，从事专业化、集约化农业生产的家庭农场，使之成为引领适度规模经营、发展现代农业的有生力量。分级建立示范家庭农场名录，健全管理服务制度，加强示范引导。鼓励各地整合涉农资金建设连片高标准农田，并优先流向家庭农场、专业大户等规模经营农户。

（十二）探索新的集体经营方式。集体经济组织要积极为承包农户开展多种形式的生产服务，通过统一服务降低生产成本、提高生产效率。有条件的地方根据农民意愿，可以统一连片整理耕地，将土地折股量化、确权到户，经营所得收益按股分配，也可以引导农民以承包地入股组建土地股份合作组织，通过自营或委托经营等方式发展农业规模经营。各地要结合实际不断探索和丰富集体经营的实现形式。

（十三）加快发展农户间的合作经营。鼓励承包农户通过共同使用农业机械、开展联合营销等方式发展联户经营。鼓励发展多种形式的农民合作组织，深入推进示范社创建活动，促进农民合作社规范发展。在管理民主、运行规范、带动力强的农民合作社和供销合作社基础上，培育发展农村合作金融。引导发展农民专业合作社联合社，支持农民合作社开展农社对接。允许农民以承包经营权入股发展农业产业化经营。探索建立农户入股土地生产性能评价制度，按照耕地数量质量、参照当地土地经营权流转价格计价折股。

（十四）鼓励发展适合企业化经营的现代种养业。鼓励农业产业化龙头企业等涉农企业重点从事农产品加工流通和农业社会化服务，带动农户和农民合作社发展规模经营。引导工商资本发展良种种苗繁育、高标准设施农业、规模化养殖等适合企业化经营的现代种养业，开发农村"四荒"资源发展多种经营。支持农业企业与农户、农民合作社建立紧密的利益联结机制，实现合理分工、互利共赢。支持经济发达地区通过农业示范园区引导各类经营主体共同出资、相互持股，发展多种形式的农业混合所有制经济。

（十五）加大对新型农业经营主体的扶持力度。鼓励地方扩大对家庭农场、专业大户、农民合作社、龙头企业、农业社会化服务组织的扶持资金规模。支持符合条件的新型农业经营主体优先承担涉农项目，新增农业补贴向新型农业经营主体倾斜。加快建立财政项目资金直接投向符合条件的合作社、财政补助形成的资产转交合作社持有和管护的管理制度。各省（自治区、直辖市）根据实际情况，在年度建设用地指标中可单列一定比例专门用于新型农业经营主体建设配套辅助设施，并按规定减免相关税费。综合运用货币和财税政策工具，引导金融机构建立健全针对新型农业经营主体的信贷、保险支持机制，创新金融产品和服务，加大信贷支持力度，分散规模经营风险。鼓励符合条件的农业产业化龙头企业通过发行短期融资券、中期票据、中小企业集合票据等多种方式，拓宽融资渠道。鼓励融资担保机构为新型农业经营主体提供融资担保服务，鼓励有条件的地方通过设立融资担保专项资金、担保风险补偿基金等加大扶持力度。落实和完善相关税收优惠政策，支持农民合作社发展农产品加工流通。

（十六）加强对工商企业租赁农户承包地的监管和风险防范。各地对工商企业长时间、大面积租赁农户承包地要有明确的上限控制，建立健全资格审查、项目审核、风险保障金制度，对租地条件、经营范围和违规处罚等作出规定。工商企业租赁农户承包地要按面积实行分级备案，严格准入门槛，加强事中事后监管，防止浪费农地资源、损害农民土地权益，防范承包农户因流入方违约或经营不善遭受损失。定期对租赁土地企业的农业经营能力、土地用途和风险防范能力等开展监督检查，查验土地利用、合同履行等情况，及时查处纠正违法违规行为，对符合要求的可给予政策扶持。有关部门要抓紧制定管理办法，并加强对各地落实情况的监督检查。

五、建立健全农业社会化服务体系

（十七）培育多元社会化服务组织。巩固乡镇涉农公共服务机构基础条件建设成果。鼓励农技推广、动植物防疫、农产品质量安全监管等公共服务机构围绕发展农业适度规模经营拓展服务范围。大力培育各类经营性服务组织，积极发展良种种苗繁育、统防统治、测土配方施肥、粪污集中处理等农业生产性服务业，大力发展农产品电子商务等现代流通服务业，支持建设粮食烘干、农机场库棚和仓储物流等配套基础设施。农产品初加工和农业灌溉用电执行农业生产用电价格。鼓励以县为单位开展农业社会化服务示范创建活动。开展政府购买农业公益性服务试点，鼓励向经营性服务组织购买易监管、可量化的公益性服务。研究制定政府购买农业公益性服务的指导性目录，建立健全购买服务的标准合同、规范程序和监督机制。积极推广既不改变农户承包关系，又保证地有人种的托管服务模式，鼓励种粮大户、农机大户和农机合作社开展全程托管或主要生产环节托管，实现统一耕作，规模化生产。

（十八）开展新型职业农民教育培训。制定专门规划和政策，壮大新型职业农民队伍。整合教育培训资源，改善农业职业学校和其他学校涉农专业办学条件，加快发展农业职业教育，大力发展现代农业远程教育。实施新型职业农民培育工程，围绕主导产业开展农业技能和经营能力培养培训，扩大农村实用人才带头人示范培养培训规模，加大对专业大户、家庭农场经营者、农民合作社带头人、农业企业经营管理人员、农业社会化服务人员和返乡农民工的培养培训力度，把青年农民纳入国家实用人才培养计划。努力构建新型职业农民和农村实用人才培养、认定、扶持体系，建立公益性农民培养培训制度，探索建立培育新型职业农民制度。

（十九）发挥供销合作社的优势和作用。扎实推进供销合作社综合改革试点，按照改造自我、服务农民的要求，把供销合作社打造成服务农民生产生活的生力军和综合平台。利用供销合作社农资经营渠道，深化行业合作，推进技物结合，为新型农业经营主体提供服务。推动供销合作社农产品流通企业、农副产品批发市场、网络终端与新型农业经营主体对接，开展农产品生产、加工、流通服务。鼓励基层供销合作社针对农业生产重要环节，与农民签订服务协议，开展合作式、订单式服务，提高服务规模化水平。

土地问题涉及亿万农民切身利益，事关全局。各级党委和政府要充分认识引导农村土地经营权有序流转、发展农业适度规模经营的重要性、复杂性和长期性，切实加强组织领导，严格按照中央政策和国家法律法规办事，及时查处违纪违法行为。坚持从实际出发，加强调查研究，搞好分类指导，充分利用农村改革试验区、现代农业示范区等开展试点试验,认真总结基层和农民群众创造的好经验好做法。加大政策宣传力度,牢固树立政策观念,准确把握政策要求,营造良好的改革发展环境。加强农村经营管理体系建设,明确相应机构承担农村经管工作职责,确保事有人干、责有人负。各有关部门要按照职责分工,抓紧修订完善相关法律法规,建立工作指导和检查监督制度,健全齐抓共管的工作机制,引导农村土地经营权有序流转,促进农业适度规模经营健康发展。

中共中央办公厅、国务院办公厅

2014 年 11 月 20 日

附件 1-4
农业农村部关于实施新型农业经营主体提升行动的通知

各省、自治区、直辖市计划单列市农业农村（农牧）厅（局、委），新疆生产建设兵团农业农村局：

为深入贯彻中央农村工作会议、2022 年中央一号文件精神,按照《农业农村部关于落实党中央国务院 2022 年全面推进乡村振兴重点工作部署的实施意见》要求,加快推动新型农业经营主体高质量发展,决定实施新型农业经营主体提升行动,现就有关事项通知如下。

一、总体要求

（一）指导思想。以习近平新时代中国特色社会主义思想为指导,以加快构建现代农业经营体系为主线,以内强素质、外强能力为重点,突出抓好农民合作社和家庭农场两类农业经营主体发展,着力完善基础制度、加强能力建设、深化对接服务、健全指导体系，推动由数量增长向量质并举转变，为全面推进乡村振兴、加快农业农村现代化提供有力支撑。

（二）主要目标。力争到"十四五"期末，农民合作社规范管理和财务会计、家庭农场"一码通"管理和规范运营、新型农业经营主体指导服务体系等五项管理服务制度更加健全；新型农业经营主体融合发展、稳粮扩油、参与乡村建设、带头人素质和合作社办公司等五方面能力全面提升；新型农业经营主体辅导员队伍建设、服务中心创建、试点示范等三项指导服务机制全面建立。县级及以上示范社、示范家庭农场分别达到 20 万家，适应新型农业经营主体发展需求的县乡基层指导服务体系基本建立，全国新型农业经营主体辅导员名录库入库辅导员超过 3 万名，创建一批新型农业经营主体服务中心。新型农业经营主体发展质量效益稳步提升、服务带动效应显著增强，基本形成以家庭经营为基础、新型农业经营主体为依托、社会化服务为支撑的现代农业经营体系，促进小农户和现代农业发展有机衔接。

二、完善基础制度，提升规范运营水平

（三）建立农民合作社规范管理长效机制。完善章程制度，加强对农民合作社发起成立阶段的辅导，指导农民合作社参照示范章程制定符合自身特点的章程。健全组织机构，指导农民合作社依法建立成员（代表）大会、理事会和监事会并认真履行职责。规范利益分配，指导农民合作社建立合理的收益分配制度，强化同成员的利益联结。加强登记管理，引导农民合作社按照市场主体登记管理条

例规定，按时完成年报公示、信息变更登记，推动建立畅通便利的市场退出机制。加强农业农村领域非法集资的风险排查、监测预警和宣传教育，防范以农民合作社名义开展非法集资活动。

（四）健全农民合作社财务和会计制度。指导农民合作社执行合作社财务制度和会计制度，健全内控制度，加强财务管理和会计核算。遴选推介一批与合作社财务制度和会计制度配套衔接、使用便捷、服务便利的财务管理软件。鼓励农民合作社按照规定委托代理记账。

（五）建立家庭农场"一码通"管理服务机制。依托全国家庭农场名录系统实行家庭农场名录管理制度，开展家庭农场统一赋码工作，确立家庭农场唯一标识数字码和二维码，叠加家庭农场生产经营、产品品牌、商誉信用等信息，实现家庭农场管理服务数字化。在确保数据安全的前提下，向消费者、上下游企业、金融保险机构等推送家庭农场二维码，为家庭农场产品销售、品牌推广、贷款保险等提供便利服务。

（六）建立家庭农场规范运营制度。组织开发家庭农场"随手记"记账软件，免费提供给家庭农场使用，实现家庭农场生产经营数字化、财务收支规范化、销量库存即时化。

（七）建立健全新型农业经营主体指导服务体系。通过政府引导和市场主导相结合，构建由"辅导员＋服务中心"组成的新型农业经营主体指导服务体系，区别不同地区、发展阶段和产业基础，强化分类指导，增强指导服务的针对性和有效性。

三、加强能力建设，增强支撑产业功能

（八）培养新型农业经营主体带头人。农业农村部将依托"耕耘

者"振兴计划、乡村产业振兴带头人培育"头雁"项目,每年培育3.5万名新型农业经营主体带头人带动产业发展;实施高素质农民培育计划,面向家庭农场主、农民合作社带头人开展全产业链培训。各地要分层分类开展新型农业经营主体带头人培训,分级建立带头人人才库,加强对青年农场主的培养和创业支持。鼓励返乡下乡人员创办农民合作社,支持发展到一定规模的农民合作社探索决策权与经营权分离,引入职业经理人,提升经营管理水平。

(九)促进主体融合发展。鼓励有长期稳定务农意愿的农户适度扩大经营规模,成长为家庭农场。引导以家庭农场为主要成员联合组建农民合作社,开展统一生产经营服务。在产业基础薄弱、主体发育滞后、农民组织化程度低的地区,鼓励村党支部领办农民合作社,聚集人才、资源优势发展特色产业。支持农民合作社依法自愿兼并、合并或组建联合社,鼓励新型农业经营主体组建行业协会或联盟,形成规模优势,增强市场竞争力和抗风险能力。引导各类主体加强联合合作,建立紧密的利益联结和组织机制,发挥小农户、家庭农场的生产主体作用和农民合作社的组织平台功能,加快构建主体多元、功能互补、运行高效的现代农业产业组织体系。

(十)推动农民合作社办公司。鼓励农民合作社根据发展需要,采取出资新设、收购或入股等形式办公司,以所办公司为平台整合资源要素、延长产业链条、提升经营效益。引导农民合作社与所办公司独立核算,明晰产权关系,合理分配利益,确保可持续发展。各地要加强农民合作社办公司观察点跟踪调研、观摩交流和经验总结推广。

(十一)开展大豆油料扩种专项工作。大豆油料扩种省份要择优遴选种植规模大、技术装备适宜、带动能力强的农民合作社、家庭农场和社会化服务组织作为重点主体，鼓励其积极承担大豆油料扩种任务，开展大豆玉米带状复合种植。引导技术、人才、资金、装备等要素向重点主体集聚，对重点主体辅导服务全覆盖、相关示范创建名额倾斜支持。

（十二）参与乡村发展和乡村建设。鼓励新型农业经营主体发展新产业新业态，由种养业向产加销一体化拓展。支持县级及以上示范社和示范家庭农场建设农产品仓储保鲜冷链设施，改善生产条件。支持符合条件的新型农业经营主体参与乡村建设，承担土地整治、高标准农田建设、小型农田水利工程等项目实施和农村基础设施运行维护。

四、深化社企对接，激发主体发展活力

（十三）扩大对接合作范围。鼓励各地引入信贷、保险、科技、物流、网络零售、农产品加工等各类优质企业，面向新型农业经营主体提供覆盖全产业链条的服务和产品，实现优势互补、合作共赢。推进经营主体数据资源共享，鼓励企业把试验示范园区、技术推广中心、直采供应基地等建在新型农业经营主体，促进社企对接服务下沉。

（十四）遴选社企对接重点县。在粮食主产省和大豆油料扩种地区，遴选150个左右社企对接重点县，跟进配套指导服务，向粮油类农民合作社和家庭农场提供产销渠道支持、寄递资费优惠、加大授信、品种筛选、数字农业、烘干仓储、品控溯源等综合服务。

五、建立健全指导服务体系，推进服务规范化便利化

（十五）创新新型农业经营主体辅导员选聘机制。在依托基层农经队伍发展辅导员的基础上，鼓励各地面向乡土专家、大学生村官、企业和社会组织经营管理人员、示范社带头人、示范家庭农场主等选聘辅导员，细化辅导员工作职责。各地要加强辅导员岗位培训，通过指导技能大赛、优秀辅导员年度评优等方式，推动辅导员专业化规范化发展。

（十六）实施"千员带万社"行动。利用三年时间，平均每个省份培养1000名左右优秀辅导员，为1万家新型农业经营主体提供点对点指导服务。建立全国新型农业经营主体辅导员名录库，根据辅导员工作质量，实行绩效评价、动态管理。

（十七）创建新型农业经营主体服务中心。鼓励各地采取购买服务、挂牌委托等方式，遴选有意愿、有实力的农民合作社联合社、涉农服务企业或社会组织承建新型农业经营主体服务中心，为新型农业经营主体提供政策咨询、运营指导、财税代理服务。各地可以依据服务质量、主体满意度等，探索建立服务中心备案管理、监督考核、动态调整等机制。

（十八）强化试点示范引领。扎实开展农民合作社质量提升整县推进试点，围绕发展壮大单体合作社、促进联合与合作、提升县域指导服务能力，形成农民合作社高质量发展县域样板。深入开展国家、省级、市级、县级农民合作社示范社四级联创，创建示范家庭农场，加强动态监测。持续开展农民合作社和家庭农场典型案例征集，加大宣传推介力度，引领新型农业经营主体因地制宜探索发展模式。

各级农业农村部门要高度重视培育发展新型农业经营主体，结合实际抓紧制定具体落实方案，明确责任分工，确保支持新型农业经营主体发展的各项举措落实落地。要加强调查研究，对新情况新问题及时向农业农村部农村合作经济指导司报告。

农业农村部
2022 年 3 月 23 日

附件 1-5
关于实施家庭农场培育计划的指导意见

各省、自治区、直辖市人民政府，国务院各部委、各直属机构：

家庭农场以家庭成员为主要劳动力，以家庭为基本经营单元，从事农业规模化、标准化、集约化生产经营，是现代农业的主要经营方式。党的十八大以来，各地区各部门按照党中央、国务院决策部署，积极引导扶持农林牧渔等各类家庭农场发展，取得了初步成效，但家庭农场仍处于起步发展阶段，发展质量不高、带动能力不强，还面临政策体系不健全、管理制度不规范、服务体系不完善等问题。为贯彻落实习近平总书记重要指示精神，加快培育发展家庭农场，发挥好其在乡村振兴中的重要作用，经国务院同意，现就实施家庭农场培育计划提出以下意见。

一、总体要求

（一）指导思想。以习近平新时代中国特色社会主义思想为指导，全面贯彻党的十九大和十九届二中、三中全会精神，紧紧围绕统筹推进"五位一体"总体布局和协调推进"四个全面"战略布局，落实新发展理念，坚持高质量发展，以开展家庭农场示范创建为抓手，以建立健全指导服务机制为支撑，以完善政策支持体系为保障，实施家庭农场培育计划，按照"发展一批、规范一批、提升一批、推介一批"的思路，加快培育出一大批规模适度、生产集约、管理先进、效益明显的家庭农场，为促进乡村全面振兴、实现农业农村现代化夯实基础。

（二）基本原则。

坚持农户主体。坚持家庭经营在农村基本经营制度中的基础性地位，鼓励有长期稳定务农意愿的农户适度扩大经营规模，发展多种类型的家庭农场，开展多种形式合作与联合。

坚持规模适度。引导家庭农场根据产业特点和自身经营管理能力，实现最佳规模效益，防止片面追求土地等生产资料过度集中，防止"垒大户"。

坚持市场导向。遵循家庭农场发展规律，充分发挥市场在推动家庭农场发展中的决定性作用，加强政府对家庭农场的引导和支持。

坚持因地制宜。鼓励各地立足实际，确定发展重点，创新家庭农场发展思路，务求实效，不搞一刀切，不搞强迫命令。

坚持示范引领。发挥典型示范作用，以点带面，以示范促发展，总结推广不同类型家庭农场的示范典型，提升家庭农场发展质量。

（三）发展目标。到2020年，支持家庭农场发展的政策体系基本建立，管理制度更加健全，指导服务机制逐步完善，家庭农场数量稳步提升，经营管理更加规范，经营产业更加多元，发展模式更加多样。到2022年，支持家庭农场发展的政策体系和管理制度进一步完善，家庭农场生产经营能力和带动能力得到巩固提升。

二、完善登记和名录管理制度

（四）合理确定经营规模。各地要以县（市、区）为单位，综合考虑当地资源条件、行业特征、农产品品种特点等，引导本地区家庭农场适度规模经营，取得最佳规模效益。把符合条件的种养大户、专业大户纳入家庭农场范围。（农业农村部牵头，林草局等参与）

（五）优化登记注册服务。市场监管部门要加强指导，提供优质高效的登记注册服务，按照自愿原则依法开展家庭农场登记。建立市场监管部门与农业农村部门家庭农场数据信息共享机制。（市场监管总局、农业农村部牵头）

（六）健全家庭农场名录系统。完善家庭农场名录信息，把农林牧渔等各类家庭农场纳入名录并动态更新，逐步规范数据采集、示范评定、运行分析等工作，为指导家庭农场发展提供支持和服务。（农业农村部牵头，林草局等参与）

三、强化示范创建引领

（七）加强示范家庭农场创建。各地要按照"自愿申报、择优推荐、逐级审核、动态管理"的原则，健全工作机制，开展示范家庭农场创建，引导其在发展适度规模经营、应用先进技术、实施标准化生产、纵向延伸农业产业链价值链以及带动小农户发展等方面发挥示范作用。（农业农村部牵头，林草局等参与）

（八）开展家庭农场示范县创建。依托乡村振兴示范县、农业绿色发展先行区、现代农业示范区等，支持有条件的地方开展家庭农场示范县创建,探索系统推进家庭农场发展的政策体系和工作机制,促进家庭农场培育工作整县推进,整体提升家庭农场发展水平。(农业农村部牵头,林草局等参与)

(九)强化典型引领带动。及时总结推广各地培育家庭农场的好经验好模式,按照可学习、易推广、能复制的要求,树立一批家庭农场发展范例。鼓励各地结合实际发展种养结合、生态循环、机农一体、产业融合等多种模式和农林牧渔等多种类型的家庭农场。按照国家有关规定,对为家庭农场发展作出突出贡献的单位、个人进行表彰。(农业农村部牵头,人力资源社会保障部、林草局等参与)

(十)鼓励各类人才创办家庭农场。总结各地经验,鼓励乡村本土能人、有返乡创业意愿和回报家乡愿望的外出农民工、优秀农村生源大中专毕业生以及科技人员等人才创办家庭农场。实施青年农场主培养计划,对青年农场主进行重点培养和创业支持。(农业农村部牵头,教育部、科技部、林草局等参与)

(十一)积极引导家庭农场发展合作经营。积极引导家庭农场领办或加入农民合作社,开展统一生产经营。探索推广家庭农场与龙头企业、社会化服务组织的合作方式,创新利益联结机制。鼓励组建家庭农场协会或联盟。(农业农村部牵头,林草局等参与)

四、建立健全政策支持体系

(十二)依法保障家庭农场土地经营权。健全土地经营权流转服务体系,鼓励土地经营权有序向家庭农场流转。推广使用统一土地流转合同示范文本。健全县乡两级土地流转服务平台,做好政策咨询、信息发布、价格评估、合同签订等服务工作。健全纠纷调解仲裁体系，有效化解土地流转纠纷。依法保护土地流转双方权利，引导土地流转双方合理确定租金水平，稳定土地流转关系，有效防范家庭农场租地风险。家庭农场通过流转取得的土地经营权，经承包方书面同意并向发包方备案，可以向金融机构融资担保。（农业农村部牵头，人民银行、银保监会、林草局等参与）

（十三）加强基础设施建设。鼓励家庭农场参与粮食生产功能区、重要农产品生产保护区、特色农产品优势区和现代农业产业园建设。支持家庭农场开展农产品产地初加工、精深加工、主食加工和综合利用加工，自建或与其他农业经营主体共建集中育秧、仓储、烘干、晾晒以及保鲜库、冷链运输、农机库棚、畜禽养殖等农业设施，开展田头市场建设。支持家庭农场参与高标准农田建设，促进集中连片经营。（农业农村部牵头，发展改革委、财政部、林草局等参与）

（十四）健全面向家庭农场的社会化服务。公益性服务机构要把家庭农场作为重点，提供技术推广、质量检测检验、疫病防控等公益性服务。鼓励农业科研人员、农技推广人员通过技术培训、定向帮扶等方式，为家庭农场提供先进适用技术。支持各类社会化服务组织为家庭农场提供耕种防收等生产性服务。鼓励和支持供销合作社发挥自身组织优势，通过多种形式服务家庭农场。探索发展农业专业化人力资源中介服务组织，解决家庭农场临时性用工需求。（农业农村部牵头，科技部、人力资源社会保障部、林草局、供销合作总社等参与）

（十五）健全家庭农场经营者培训制度。国家和省级农业农村部门要编制培训规划，县级农业农村部门要制定培训计划，使家庭农场经营者至少每三年轮训一次。在农村实用人才带头人等相关涉农培训中加大对家庭农场经营者培训力度。支持各地依托涉农院校和科研院所、农业产业化龙头企业、各类农业科技和产业园区等，采取田间学校等形式开展培训。（农业农村部牵头，教育部、林草局等参与）

（十六）强化用地保障。利用规划和标准引导家庭农场发展设施农业。鼓励各地通过多种方式加大对家庭农场建设仓储、晾晒场、保鲜库、农机库棚等设施用地支持。坚决查处违法违规在耕地上进行非农建设的行为。（自然资源部牵头，农业农村部等参与）

（十七）完善和落实财政税收政策。鼓励有条件的地方通过现有渠道安排资金，采取以奖代补等方式，积极扶持家庭农场发展，扩大家庭农场受益面。支持符合条件的家庭农场作为项目申报和实施主体参与涉农项目建设。支持家庭农场开展绿色食品、有机食品、地理标志农产品认证和品牌建设。对符合条件的家庭农场给予农业用水精准补贴和节水奖励。家庭农场生产经营活动按照规定享受相应的农业和小微企业减免税收政策。（财政部牵头，水利部、农业农村部、税务总局、林草局等参与）

（十八）加强金融保险服务。鼓励金融机构针对家庭农场开发专门的信贷产品，在商业可持续的基础上优化贷款审批流程，合理确定贷款的额度、利率和期限，拓宽抵质押物范围。开展家庭农场信用等级评价工作，鼓励金融机构对资信良好、资金周转量大的家庭农场发放信用贷款。全国农业信贷担保体系要在加强风险防控的前提下，加快对家庭农场的业务覆盖，增强家庭农场贷款的可得性。继续实施农业大灾保险、三大粮食作物完全成本保险和收入保险试点，探索开展中央财政对地方特色优势农产品保险以奖代补政策试点，有效满足家庭农场的风险保障需求。鼓励开展家庭农场综合保险试点。（人民银行、财政部、银保监会牵头，农业农村部、林草局等参与）

（十九）支持发展"互联网＋"家庭农场。提升家庭农场经营者互联网应用水平，推动电子商务平台通过降低入驻和促销费用等方式，支持家庭农场发展农村电子商务。鼓励市场主体开发适用的数据产品，为家庭农场提供专业化、精准化的信息服务。鼓励发展互联网云农场等模式，帮助家庭农场合理安排生产计划、优化配置生产要素。（商务部、农业农村部分别负责）

（二十）探索适合家庭农场的社会保障政策。鼓励有条件的地方引导家庭农场经营者参加城镇职工社会保险。有条件的地方可开展对自愿退出土地承包经营权的老年农民给予养老补助试点。（人力资源社会保障部、农业农村部分别负责）

五、健全保障措施

（二十一）加强组织领导。地方各级政府要将促进家庭农场发展列入重要议事日程，制定本地区家庭农场培育计划并部署实施。县乡政府要积极采取措施，加强工作力量，及时解决家庭农场发展面临的困难和问题，确保各项政策落到实处。（农业农村部牵头）

（二十二）强化部门协作。县级以上地方政府要建立促进家庭农场发展的综合协调工作机制，加强部门配合，形成合力。农业农村部门要认真履行指导职责，牵头承担综合协调工作，会同财政部门统筹做好家庭农场财政支持政策；自然资源部门负责落实家庭农场设施用地等政策支持；市场监管部门负责在家庭农场注册登记、市场监管等方面提供支撑；金融部门负责在信贷、保险等方面提供政策支持；其他有关部门依据各自职责，加强对家庭农场支持和服务。（各有关部门分别负责）

（二十三）加强宣传引导。充分运用各类新闻媒体，加大力度宣传好发展家庭农场的重要意义和任务要求。密切跟踪家庭农场发展状况，宣传好家庭农场发展中出现的好典型、好案例以及各地发展家庭农场的好经验、好做法，为家庭农场发展营造良好社会舆论氛围。（农业农村部牵头）

（二十四）推进家庭农场立法。加强促进家庭农场发展的立法研究，加快家庭农场立法进程，为家庭农场发展提供法律保障。鼓励各地出台规范性文件或相关法规，推进家庭农场发展制度化和法制化。（农业农村部牵头，司法部等参与）

中央农村工作领导小组办公室　农业农村部　国家发展改革委
　　财政部　自然资源部　商务部　人民银行　市场监管总局
　　银保监会　全国供销合作总社　国家林草局

2019 年 8 月 27 日

附件2 合同范本

附件2-1
农村土地承包经营权流转合同书（范本）

甲方（转出方）：_____

转出方代表：_____

乙方（转入方）：_____

转入方代表：_____

为了发展农村经济，促进农村土地经营权的合理流转，根据《中华人民共和国农村土地承包法》、农业部《农村土地承包经营权管理办法》及农村土地承包的有关法律、法规和政策规定，双方协商一致，签订本合同。

一、流转的土地面积位置及用途：

甲方将拥有承包经营权的_____亩土地流转给乙方经营。

流转地块的面积、位置及用途如下：

二、采取下列第_____种_____类流转形式，甲方将土地承包经营权流转给乙方，双方应同时承担下列相应的权利和义务：

（一）甲方将土地流转给乙方（除集体经济组织之外的第三方），有下列五种流转形式。

1. 转包：甲方将土地经营权转包给乙方，双方签订此流转合同。甲方与村集体经济组织签订的原承包合同仍然有效，乙方对接转的土地在一年内不得再行转包。

2. 转让：甲方将土地经营权转让给乙方，双方签订此流转合同。

甲方经申请和发包方同意，将土地承包经营权让渡给乙方从事农业生产经营，由乙方履行相应土地承包合同的权利和义务。转让后原土地承包关系自行终止，甲方承包期内的土地承包经营权灭失。

3. 互换：甲方和乙方本着自愿互利的原则互相交换土地承包权，并签订此流转合同。双方与村集体经济组织签订的原承包合同由对方履行。

甲方调换给乙方的地块见另附表。

乙方调换给甲方的地块面积、位置及用途如另附。

4. 入股：甲方在不改变土地用途的前提下，将土地经营权作为股份流转给乙方，双方签订此流转合同。甲方与村集体经济组织签订的原承包合同仍然有效。

5. 出租：甲方将土地承包经营权租赁给乙方经营。甲方原土地承包关系不变，继续履行与村集体经济组织签订的原土地承包合同规定的权利和义务。

（二）甲方将土地经营权流转给乙方（村集体经济组织或中介组织），有下列两种流转形式：

1. 无偿转让（自愿交回土地经营权）：甲方将土地经营权无偿转让给发包方，双方签订此流转合同。甲方在规定的一个调整周期内不得向发包方重新要地。

2. 委托经营：甲方将土地经营权有偿委托给发包方或中介组织，双方签订此流转合同。受委托方既可直接对委托的土地进行经营，也可再将其流转给其他经营者。

无论采取上述哪种流转形式，甲乙双方都应按合同规定用途使用土地，不准荒芜，不搞破坏性、掠夺性经营，不得违反有关土地管理的其他规定。按时交付流转费和各种税款。在土地流转期间发生的债权债务，由乙方承担。

三、流转后土地的经营项目：

_____。

四、流转期限：

流转期限自____年____月____日起至____年____月____日止，共（大写）_____年。

五、流转费金额及交付办法。采用第_____种_____办法：

（一）流转价格为_____元/年亩，年流转费金额为_____元。每_____年递增_____%。在当年的____月____日前由乙方向甲方交纳。

（二）流转价格为_____元/年亩，流转期内总计_____元，由乙方在合同签订之日一次性向甲方交纳。

（三）_____。

六、违约责任：

（一）合同双方当事人任何一方违反本合同规定条款，均视为违约，违约方应向对方支付违约金_____元，如违约金不足以弥补经济损失的，按实际损失赔偿。

（二）乙方不按期交纳流转费，每天按所欠承包费（租金）的_____‰向甲方支付滞纳金。超过30日的，承担违约责任。

七、纠纷的解决办法：

发生合同纠纷时，双方协商解决，协商不成的，任何一方均可向镇村两级合同管理组织申请调解，调解不成可申请县农村土地承包纠纷仲裁委员会进行仲裁，也可直接向人民法院起诉。

八、双方约定的其他事项：

（一）在流转期内，如遇流转土地被征用，按实际流转时间计算流转费金额，其青苗补偿费、地上附着物补偿费按下列第_____种方式处置。

1. 归投资者所有。

2. 由双方依据实际情况协商确定。

（二）流转合同到期后，若继续流转，在同等条件下，乙方有优先权。

九、本合同未尽事宜，双方可经协商签订补充协议，补充协议与本合同具有同等法律效力。

十、本合同由双方签字盖章并经镇（乡）农经站鉴证后生效。

十一、本合同一式四份，甲乙双方各执一份，村集体经济组织和鉴证机关各备案一份。

甲（转出）方（章）　　　　　代表（签字）：

　　　　　　　　　　　　　　　　　年　　月　　日

乙（转入）方（章）　　　　　代表（签字）：

　　　　　　　　　　　　　　　　　年　　月　　日

原发包方（章）　　　　　　　代表（签字）：

　　　　　　　　　　　　　　　　　年　　月　　日

鉴证机关：（章）　　　　　　鉴证员（签字）：

　　　　　　　　　　　　　　　　　年　　月　　日

附件 2-2
农业生产托管服务合同示范文本

甲方（接受服务方）：
法定代表人及身份证号：
地址：
联系方式：

乙方（提供服务方）：
法定代表人及身份证号：
地址：
联系方式：

根据有关法律法规及政策规定，甲乙双方本着平等、自愿、有偿的原则，就农业生产托管服务有关事项协商一致，订立本合同。

第一条　服务内容

甲方将　　县（市、区）　　乡（镇、街道）　　村（社区）村民小组（居民小组）的　　亩　　（作物，如：水稻、玉米、茶叶等）的　　（如：生产资料供应、耕种防收等农机作业、烘干仓储或全程种植技术解决方案）委托给乙方开展生产托管服务。（甲方如托管两个地块以上作物的，可按本款格式补充。）

第二条　服务标准

甲乙双方就服务的技术标准、质量标准等协商达成约定，作为本合同附件，与本合同具有同等法律效力。【甲乙双方可参照《农业

生产托管服务标准指引》未见，就服务事项协商约定相关标准并附于本合同之后。】

第三条　服务期限

乙方根据农时需要和生产技术要求，在　年　月　日至　年　月　日期间完成甲方委托的　　　作物　　　环节的生产托管服务。（如乙方提供的生产托管服务需在不同时间内进行，甲乙双方可根据实际情况分项约定具体服务时间。）

第四条　服务费用

乙方为甲方提供的生产托管服务价格为人民币　元/亩，服务面积　亩，总费用人民币　元（大写：　　　）。（如乙方提供的服务无法按照上述方式计算服务费用，甲乙双方可根据实际服务过程中的具体情况协商约定服务费用。）

第五条　支付方式

甲方于本合同签订当日，支付乙方服务费用总额的百分之（小写：　%）计人民币　元（大写：　　　）作为订金。乙方所有服务完毕并经甲方验收合格后，甲方于　　日内支付乙方剩余服务费用人民币　元（大写：　　　）。（甲乙双方可约定签订合同之日支付全部服务费用，或约定完成生产托管服务后一次性支付全部服务费用，或约定从甲方委托乙方销售农业收益中扣除服务费用。）

第六条　甲乙双方的权利和义务

（一）甲方的权利和义务

1. 托管服务期间始终享有对托管地块的承包经营权，托管地块产出品归甲方所有。

2. 按照合同约定接受乙方提供的生产托管服务，要求乙方按照《农业生产托管服务标准指引》约定标准开展服务。对乙方服务进行监督和评价，验收服务成果。

3. 有权阻止乙方实施破坏农用地和其他农业资源的行为。若因乙方故意或过失破坏托管地块种植条件、给土地造成严重损害或者严重破坏土地生态环境的，有权要求乙方赔偿由此造成的损失。

4. 为乙方开展生产托管服务提供必要条件。（甲乙双方可根据实际情况约定甲方应提供必要条件的具体内容和时间。）

5. 法律、法规、规章和政策所规定的其他权利和义务。

（二）乙方的权利和义务

1. 要求甲方在约定时间内提供必要的作业条件，并对服务结果进行验收。

2. 按照合同约定为甲方提供符合《农业生产托管服务标准指引》要求的生产托管服务，并向甲方解读服务内容。

3. 法律、法规、规章和政策所规定的其他权利和义务。

第七条　违约责任

（一）甲方逾期未支付服务费用的，从逾期之日起每日按应支付服务费用总额的百分之　　　（小写：　　%）向乙方支付违约金，但不超过应付服务费用总额的百分之五十。

（二）乙方未按本合同约定提供服务，造成甲方损失的，应予以赔偿，具体赔偿金额和方式由双方协商确定。

（三）任何一方违约所造成的损失，均由违约方负责赔偿。

（四）因不可抗力等重大因素导致本合同无法履行的，双方可以协商解除本合同，且双方均不承担违约责任。

第八条　争议处理

甲乙双方发生争议，应协商解决。如协商不成，可以向服务所在地农业行政主管部门申请调解，也可以向服务所在地人民法院提起诉讼。

第九条　其他约定事项

（一）本合同自甲乙双方签字之日起生效。

（二）未尽或须调整事宜经甲乙双方协商一致可签订补充协议，补充协议与本合同具有同等法律效力。补充协议与本合同不一致的，以补充协议为准。

（三）服务所在地村委会或村集体经济组织可对甲乙双方的托管服务关系予以指导和监督。

（四）本合同（包括附件《农业生产托管服务标准指引》）一式两份，甲乙双方各持一份，具有同等法律效力。

（五）其他约定事宜：　　　　　　　。

甲方（签字或盖章）：

时　间：　　年　　月　　日

乙方（签字或盖章）：

时　间：　　年　　月　　日